This Book Comes With Free Bonus Puzzles
Available Here:

BestActivityBooks.com/WSBONUS20

5 TIPS TO START!

1) HOW TO SOLVE

The Puzzles are in a Classic Format:

- Words are hidden without breaks (no spaces, dashes, ...)
- Orientation: Forward & Backward, Up & Down or in Diagonal (can be in both directions)
- Words can overlap or cross each other

2) ACTIVE LEARNING

To encourage learning actively, a space is provided next to each word to write down the translation. The **DICTIONARY** allows you to verify and expand your knowledge. You can look up and write down each translation, find the words in the Puzzle then add them to your vocabulary!

3) TAG YOUR WORDS

Have you tried using a tag system? For example, you could mark the words which have been difficult to find with a cross, the ones you loved with a star, new words with a triangle, rare words with a diamond and so on...

4) ORGANIZE YOUR LEARNING

We also offer a convenient **NOTEBOOK** at the end of this edition. Whether on vacation, travelling or at home, you can easily organize your new knowledge without needing a second notebook!

5) FINISHED?

Go to the bonus section: **MONSTER CHALLENGE** to find a free game offered at the end of this edition!

Want more fun and learning activities? It's **Fast and Simple!**
An entire Game Book Collection just **one click away!**

Find your next challenge at:

BestActivityBooks.com/MyNextWordSearch

Ready, Set... Go!

Did you know there are around 7,000 different languages in the world? Words are precious.

We love languages and have been working hard to make the highest quality books for you. Our ingredients?

A selection of indispensable learning themes, three big slices of fun, then we add a spoonful of difficult words and a pinch of rare ones. We serve them up with care and a maximum of delight so you can solve the best word games and have fun learning!

Your feedback is essential. You can be an active participant in the success of this book by leaving us a review. Tell us what you liked most in this edition!

Here is a short link which will take you to your order page.

BestBooksActivity.com/Review50

Thanks for your help and enjoy the Game!

Linguas Classics Team

1 - Food #1

```
S O K W T L M Ţ C N L K G H
A P N A P A O B E Y O Ţ U M
L T A K T P R L A B M C F S
A Y S N J T C Ă P Ș U N Ă U
T I C C A E O M Ă T Y T M C
Ă P O A U C V Â E L Q S U D
B A R I A Z Z I Z T O N Z S
Y I Ţ S A R E E Z A H Ă R F
B B I Ă N C U V J E V J Z E
H Y Ș I S B U S U I O C M B
P W O Q Q Y L U S T U R O I
P A A C B J N P Q I C P Z W
V A R A H I D Ă D O W R X U
R P Ă Ă P Q K Y E Ţ O M S Y
```

CAISĂ
ORZ
BUSUIOC
MORCOV
SCORŢIȘOARĂ
USTUROI
SUC
LĂMÂIE
LAPTE
CEAPĂ

ARAHIDĂ
PARĂ
SALATĂ
SARE
SUPĂ
SPANAC
CĂPȘUNĂ
ZAHĂR
TON
NAP

2 - Castles

```
D I N A S T I E J B I C D C
U N I C O R N F E U D A L A
Ț P E R E T E C B A O T B Y
H U F I B Z I D I M Q A A L
W P L M A Q A L U I Q P L P
C A L P R I N Ț E S Ă U A R
V L C E T E M N I Ț Ă L U I
W A G R U N G C N S Y T R N
C T N I R O D A M A A A C Ț
Q T L U N B Z V T W R B Y J
S C U T B I F A K U M O I A
V Y A T Y L D L E Ț U L B E
C O R O A N Ă E X D R G G Ț
T I F A Q O A R J U Ă E C H
```

ARMURĂ   CAVALER
CATAPULTA   NOBIL
COROANĂ   PALAT
BALAUR   PRINȚ
TEMNIȚĂ   PRINȚESĂ
DINASTIE   SCUT
IMPERIU   SABIE
FEUDAL   TURN
CAL   UNICORN
REGAT   PERETE

3 - Exploration

```
C N E C U N O S C U T F X D
Q U E S T G O J E O E N C E
L H L A M W F L P J C J F S
K T P T C I F L U A I W Q C
E E B J U P E R I C O L E O
N M Z N R R P X Z M R I C P
T Y O K A D I Y A K B J Ă E
F U Ţ J Y O E R O V A L R
P L A N I M A L E D M S Ă I
Ţ J U M R E T E R E N P T R
D E T E R M I N A R E A O E
Y W M F S B R O Y I Q Ţ R D
Y A L D E I N U F O T I I B
P E R I C U L O S U W U E V
```

ANIMALE
CURAJ
CULTURI
DETERMINARE
DESCOPERIRE
EMOŢIE
EPUIZARE
PERICOLE

LIMBA
NOU
PERICULOS
QUEST
SPAŢIU
TEREN
CĂLĂTORIE
NECUNOSCUT

4 - Measurements

```
H  L  R  N  R  V  O  L  U  M  I  G  M  A
Î  N  Ă  L  Ţ  I  M  E  Q  P  N  R  L  D
X  T  R  L  K  Y  C  B  U  F  C  A  G  Â
K  Z  E  C  I  M  A  L  J  H  H  D  W  N
G  R  E  U  T  A  T  E  X  T  L  G  B  C
M  K  L  K  I  L  O  M  E  T  R  U  Y  I
G  E  I  Y  M  J  U  Z  W  V  X  Y  T  M
U  L  T  L  K  U  A  N  M  A  S  Ă  E  E
N  Ă  R  R  O  L  Ţ  Q  G  M  I  N  U  T
C  Ţ  U  K  U  G  G  S  R  I  W  L  C  D
I  I  R  Ţ  H  L  R  R  A  M  M  Y  R  J
E  M  P  B  L  Q  X  A  M  J  O  E  F  B
Z  E  T  C  E  N  T  I  M  E  T  R  U  M
X  A  B  Z  A  O  T  O  N  Ă  Ţ  B  M  T
```

BYTE	LUNGIME
CENTIMETRU	LITRU
ZECIMAL	MASĂ
GRAD	METRU
ADÂNCIME	MINUT
GRAM	UNCIE
ÎNĂLŢIME	TONĂ
INCH	VOLUM
KILOGRAM	GREUTATE
KILOMETRU	LĂŢIME

5 - Farm #2

```
P  Ă  S  T  O  R  U  L  W  N  V  G  A  K
L  Ţ  O  A  A  T  L  X  U  A  R  Q  U  A
P  A  L  I  M  E  N  T  E  N  V  U  T  J
O  G  P  F  G  J  N  B  G  B  C  X  L  S
R  Ţ  R  T  Q  S  I  H  A  H  B  Ă  A  V
U  I  F  Â  E  F  E  R  M  I  E  R  M  E
M  I  R  E  U  V  K  L  I  V  A  D  Ă  G
B  R  U  N  J  Ţ  E  S  E  K  T  F  E  E
J  I  C  O  R  Z  F  W  L  N  R  D  L  T
Y  Ğ  T  A  H  A  M  B  A  R  A  Y  F  A
M  A  N  I  M  A  L  E  S  K  C  M  J  L
M  R  B  E  P  Ţ  O  K  L  G  T  C  E  Q
L  E  R  H  F  T  R  A  Ţ  Ă  O  V  U  Q
O  W  V  Q  E  F  V  E  W  Q  R  Ţ  F  M
```

ANIMALE	LAMĂ
ORZ	LUNCĂ
HAMBAR	LAPTE
PORUMB	LIVADĂ
RAŢĂ	OAIE
FERMIER	PĂSTOR
ALIMENTE	TRACTOR
FRUCT	VEGETAL
IRIGARE	GRÂU
MIEL	

6 - Books

```
C  L  F  Ț  D  G  P  Y  L  E  T  Ț  E  I
S  I  Y  M  Y  Y  O  H  E  N  R  K  L  N
C  T  T  X  A  R  E  L  E  V  A  N  T  V
R  E  T  I  O  Y  Z  A  D  L  G  Q  Z  E
I  R  S  I  T  T  I  I  U  P  I  R  Q  N
S  A  S  Z  X  O  E  P  A  T  C  I  A  T
I  R  O  M  A  N  R  G  L  N  O  R  V  I
C  S  P  A  G  I  N  Ă  I  U  N  R  E  V
O  A  T  A  X  K  F  I  T  Z  F  M  N  T
N  L  D  O  I  N  A  R  A  T  O  R  T  P
T  C  Y  R  R  T  T  C  T  H  T  O  U  O
E  Y  K  P  L  I  N  D  E  U  M  O  R  E
X  E  P  I  C  G  C  C  U  A  X  P  Ă  M
T  P  O  V  E  S  T  E  U  B  B  M  Y  L
```

AVENTURĂ
AUTOR
CONTEXT
DUALITATE
EPIC
ISTORIC
PLIN DE UMOR
INVENTIV
LITERAR
NARATOR

ROMAN
PAGINĂ
POEM
POEZIE
CITITOR
RELEVANT
POVESTE
TRAGIC
SCRIS

7 - Meditation

```
M A P R E S P I R A Ț I E Y
I E T A M U Z I C Ă B R V W
N F N E C A L M O P R G V F
T A A T N E T M I Ș C A R E
E F P V A Ț E T T R E A Z
H T B F R L I Y Ă N Q Ț H I
B U N Ă T A T E C W L M U R
V F U C Z A C C E P T A R E
S G Â N D U R I R F U T N E
O A L Q J D G W E A F Z A M
A O B I C E I U R I Z X T O
C L A R I T A T E I R B U Ț
R E C U N O Ș T I N Ț Ă R I
C O M P A S I U N E U L Ă I
```

ACCEPTARE
ATENȚIE
TREAZ
RESPIRAȚIE
CALM
CLARITATE
COMPASIUNE
EMOȚII
RECUNOȘTINȚĂ
OBICEIURI

BUNĂTATE
MENTAL
MINTE
MIȘCARE
MUZICĂ
NATURĂ
PACE
TĂCERE
GÂNDURI

8 - Days and Months

```
A A J E C N N Z C K C S S E
S P K S Â M B Ă T Ă X E A S
Ă C R V S A O G H E O P N A
P A M I E R C U R I C T A D
T L V N L Ţ C L I G T E U U
Ă E Q E U I V F G C O M G M
M N S R N F E Ţ Z P M B U I
Â D K I Ă F P R D G B R S N
N A T U Q B Y Q M T R I T I
Ă R B L L S M A R T I E H C
L U N I K N Ţ D L K E W G Ă
J G F E B R U A R I E O W W
I A N U A R I E S C A M O K
N O I E M B R I E J O I T R
```

APRILIE	NOIEMBRIE
AUGUST	OCTOMBRIE
CALENDAR	SÂMBĂTĂ
FEBRUARIE	SEPTEMBRIE
VINERI	DUMINICĂ
IANUARIE	JOI
IULIE	MARŢI
MARTIE	MIERCURI
LUNI	SĂPTĂMÂNĂ
LUNĂ	AN

9 - Chess

```
R P N N T C P R M A Ţ P J J
A E C Y Ţ B R E O D F A O U
A Y G Ţ I Z O G I V S S C C
Y D N U S D V E N E T I C Ă
A E G B L A O D T R R V O T
H C O M Y I C F E S A O N O
J S L P T S Ă R L A T O C R
T U R N E U R C I R E J U E
N V B X U P I A G F G P R G
B E Z W Y U L M E Z I N S I
Q Ţ G N K N Z P N L E C U N
M A M R B C Y I T I M P I Ă
K T S G U T M O Y B N Ţ X U
P R U K G E Y N C C X L T G
```

NEGRU
PROVOCĂRI
CAMPION
INTELIGENT
CONCURS
JOC
REGE
ADVERSAR
PASIV

JUCĂTOR
PUNCTE
REGINĂ
REGULI
SACRIFICIU
STRATEGIE
TIMP
TURNEU

10 - Food #2

```
S  C  E  L  U  P  U  E  M  Q  W  U  J  B
P  I  S  A  S  V  G  Ş  Ă  J  C  P  J  R
L  U  H  N  B  Z  Q  R  R  O  Ş  I  E  O
V  P  L  G  R  Â  U  P  A  R  U  S  V  C
E  E  M  H  Â  B  J  V  U  C  N  T  N  C
W  R  L  I  N  O  R  E  Z  I  C  R  T  O
M  C  O  N  Z  U  T  C  M  O  Ă  U  B  L
P  Ă  H  A  Ă  V  O  I  Ţ  C  L  G  A  I
Q  E  T  R  Ţ  Â  T  R  M  O  G  U  N  A
Ţ  U  Ş  E  K  N  S  E  Ţ  L  P  R  A  U
O  K  O  T  M  Ă  N  A  A  A  Y  I  N  R
K  I  W  I  E  T  Q  Ş  A  T  A  P  Ă  T
Q  W  A  Q  E  Ă  F  Ă  D  Ă  I  H  P  W
Ţ  E  L  I  N  Ă  C  P  N  T  A  P  F  Z
```

MĂR	VÂNĂTĂ
ANGHINARE	PEŞTE
BANANĂ	STRUGURI
BROCCOLI	ŞUNCĂ
ŢELINĂ	KIWI
BRÂNZĂ	CIUPERCĂ
CIREAŞĂ	OREZ
PUI	ROSIE
CIOCOLATĂ	GRÂU
OU	IAURT

11 - Family

```
C C S K C O P I L Ă R I E Y
N U R O O B U N I C U Ţ E X
B K A M P L L N A L G Ţ H P
F O O Ă I X R L C L T Ţ T I
A S W T I R J J H H Ţ Q F G
Y O C U S O Ţ I E P I H A C
T R C Ş M N Z A V P E M V E
M A M Ă M E X F A W Y A Ă H
F G T F S P Ţ A M T D T R H
R I S Ă K O T S P A T E R N
A Q I Ţ J A C O P I L R P W
T G J C J T Ţ Ţ I C W N X X
E E P H A Ă I U N E P O T Ţ
S T R Ă M O Ş L W Y O S R X
```

STRĂMOȘ	NEPOT
MĂTUȘĂ	SOȚUL
FRATE	MATERN
COPIL	MAMĂ
COPILĂRIE	NEPOATĂ
COPII	PATERN
VĂR	SORA
FIICA	UNCHI
TATĂ	SOȚIE
BUNIC	

12 - Farm #1

```
A G R I C U L T U R Ă G Y Ţ
I A K T R E A M I E R E E S
Q R W J S M M A A U Y I H Y
D D S S Ţ D B C F F H I Q U
T P Q P P A Q M A I B V D V
O R M U Z B H M L P A A F E
C R B I Z O N A B I R C B U
L J E X G S H A I S I Ă Ţ S
O V T Z C Â M P N I V W T E
C I C I O A R Ă Ă C X U Ţ M
Â Ţ K F E W N T M Ă G A R I
I E F Â N L Z A K D C H U N
N L X R C L J F D E Ţ A L Ţ
E Î N G R Ă Ş Ă M Â N T L E
```

AGRICULTURĂ	GARD
ALBINĂ	ÎNGRĂŞĂMÂNT
BIZON	CÂMP
VIŢEL	CAPRĂ
PISICĂ	FÂN
PUI	MIERE
VACĂ	CAL
CIOARĂ	OREZ
CÂINE	SEMINŢE
MĂGAR	APĂ

13 - Camping

```
A E M I M A V I I J C O R T
Î Ț W N U V Â D Z J D V V F
N B U S N E N C F U I G H V
U T A E T N Ă A Z L S L A Y
F B L C E T T B N A T U R Ă
E R Q T K U O I N C R N T K
P K Â Ă F R A N J O A A Ă U
A B G N W Ă R Ă P P C Ț T T
K B S P G F E L D A Ț O Y H
I T R Z S H A M A C I P X J
H F E P K H I L T I E A B X
W O E I M Q B E B U S O L Ă
K C A N O E P Ă L Ă R I E W
P Ă D U R E A N I M A L E T
```

AVENTURĂ   VÂNĂTOARE
ANIMALE   INSECTĂ
CABINĂ   LAC
CANOE   HARTĂ
BUSOLĂ   LUNA
FOC   MUNTE
PĂDURE   NATURĂ
DISTRACȚIE   FRÂNGHIE
HAMAC   CORT
PĂLĂRIE   COPACI

14 - Conservation

```
E O P O L U A R E R M Z S R
R C R E D U C E D D O P O V
E E O G J W R H D U D K E P
C V D S A P Ă Y K R I H Y E
I E S U I N B O O A F Q H S
C R D Y C S I H A B I T A T
L D B Q L A T C C I C L U I
A E W D I Y Ţ E O L Ă M Q C
R D H T M J N I M Ă R E X I
E P E T A P F B E W I D Ţ D
S Ă N Ă T A T E D Y V I U N
V O L U N T A R V B Y U I J
O A F I R E S C D Q M O J J
M J U R X R D C M U D P P V
```

MODIFICĂRI	FIRESC
CLIMAT	ORGANIC
CICLU	PESTICID
ECOSISTEM	POLUARE
EDUCAŢIE	RECICLARE
MEDIU	REDUCE
VERDE	DURABILĂ
HABITAT	VOLUNTAR
SĂNĂTATE	APĂ

15 - Cats

```
A Z G M J D O L P R U I P S
T O E R X X B L A N Ă N E O
V Â N Ă T O R G A Ţ P D R M
C R A P I D T H Z B A E S N
U T C O A D Ă E Y S A P O D
R Ş I O Y Y E A L Ă J E N Q
I N O M F T I R F L U N A Q
O E D A I G J Ă A B C D L M
S B H L R D W T M A Ă E I I
A U Ţ B E E B N U T U N T C
Ţ N N G B C B Z I Ş T A E
B S A K Ţ B Z E A C L G T A
A F E C T U O S N N P P E U
B Z A M W M N A T Z I V Y P
```

AFECTUOS	ŞOARECE
GHEARĂ	LABA
NEBUN	PERSONALITATE
CURIOS	JUCĂUŞ
RAPID	TIMID
AMUZANT	SOMN
BLANĂ	COADĂ
VÂNĂTOR	SĂLBATIC
INDEPENDENT	FIRE
MIC	

16 - Numbers

```
Q  K  F  C  X  B  K  C  D  D  D  T  O  Ș
T  B  O  Z  C  E  F  I  O  V  B  R  P  A
O  P  L  D  C  U  V  N  F  P  Q  E  T  P
O  P  T  O  T  X  Y  C  V  V  D  I  S  T
W  A  A  I  P  A  W  I  Ș  O  O  S  P  E
J  I  A  T  D  A  I  S  J  A  I  P  R  S
R  S  E  Ț  R  E  C  P  A  E  S  R  E  P
I  P  Ț  Q  F  U  P  R  L  B  P  E  Z  R
L  R  D  O  U  Ă  Z  E  C  I  R  Z  E  E
Z  E  C  I  M  A  L  Z  Ș  N  E  E  C  Z
E  Z  Q  I  L  S  R  E  A  O  Z  C  E  E
C  E  Z  M  N  S  U  C  P  U  E  E  X  C
E  C  H  V  Z  C  W  E  T  Ă  C  L  L  E
T  E  T  R  E  I  I  M  E  S  E  U  N  U
```

ZECIMAL	ȘAPTE
OPT	ȘAPTESPREZECE
OPTSPREZECE	ȘASE
CINCISPREZECE	ZECE
CINCI	TREISPREZECE
PATRU	TREI
PAISPREZECE	DOISPREZECE
NOUĂ	DOUĂZECI
UNU	DOI

17 - Spices

```
S  D  S  A  N  U  C  Ş  O  A  R  Ă  B  L
E  U  C  M  R  V  A  N  I  L  I  E  M  E
F  L  H  A  C  O  R  I  A  N  D  R  U  M
E  C  I  R  U  C  M  Z  Z  L  S  W  E  N
N  E  N  G  R  Ţ  A  Ă  Ş  I  U  O  O  D
I  U  D  B  R  S  Ţ  R  A  O  Ţ  I  Z  U
C  L  U  V  Y  A  U  U  D  J  F  C  H  L
U  V  F  E  F  R  O  S  Ţ  A  E  R  B  C
L  E  S  V  G  E  T  T  S  M  M  Q  A  E
P  A  P  R  I  K  A  U  D  Y  K  O  Y  N
C  H  I  M  I  O  N  R  X  Ţ  B  M  M  C
G  H  I  M  B  I  R  O  E  H  R  Q  L  C
P  V  S  C  O  R  Ţ  I  Ş  O  A  R  Ă  J
F  Y  C  E  A  P  Ă  A  N  A  S  O  N  W
```

ANASON	USTUROI
AMAR	GHIMBIR
CARDAMOM	LEMN DULCE
SCORŢIŞOARĂ	NUCŞOARĂ
CORIANDRU	CEAPĂ
CHIMION	PAPRIKA
CURRY	ŞOFRAN
FENICUL	SARE
SCHINDUF	DULCE
AROMĂ	VANILIE

18 - Mammals

```
N  Ț  P  A  V  T  W  G  T  F  G  R  I  G
H  U  Z  I  Z  S  D  E  L  F  I  N  D  O
Ț  G  N  E  S  O  A  I  E  Y  R  K  H  R
Q  L  K  P  N  I  M  T  M  C  A  L  L  I
L  P  F  U  R  S  C  Z  W  I  F  E  U  L
V  P  W  R  R  M  J  Ă  K  X  Ă  U  P  Ă
Z  X  Z  E  B  R  Ă  Ț  M  Y  D  G  Q  H
F  A  B  C  Â  I  N  E  A  T  R  T  T  J
E  F  C  A  S  T  O  R  I  T  W  U  T  X
Ț  T  Z  A  L  Z  L  G  M  E  K  W  A  C
P  A  A  M  N  E  Ț  V  U  L  P  E  U  C
D  H  Z  N  Y  G  N  O  Ț  F  L  L  R  C
C  Z  H  F  I  O  U  Ă  Ă  S  W  Ț  B  V
E  L  E  F  A  N  T  R  C  O  I  O  T  T
```

URS	GORILĂ
CASTOR	CAL
TAUR	CANGUR
PISICĂ	LEU
COIOT	MAIMUȚĂ
CÂINE	IEPURE
DELFIN	OAIE
ELEFANT	BALENĂ
VULPE	LUP
GIRAFĂ	ZEBRĂ

19 - Fishing

```
R K J I Ţ Z G R E U T A T E
Â Ă A K U A P T M S F R P A
U R B C Â R L I G Â A I M Ă
P Z A D B E S B B R L P O G
L Ţ R F A H O L J M C I M E
A R C O Ş R C U M Ă Ă O E X
J C Ă H D S E Z O N I A A A
Ă E C H I P A M E N T R L G
R H E L X J N J L U F E Ă E
W B I B P K T N W D Q J C R
Ţ G P V B S V Q S L T L L A
B R A N H I I B U C Ă T A R
L J C D W I A K V F I D C E
Ţ I J V Z H W E Y X N P D G
```

MOMEALĂ
COŞ
PLAJĂ
BARCĂ
BUCĂTAR
ECHIPAMENT
EXAGERARE
ARIPIOARE
BRANHII
CÂRLIG

FALCĂ
LAC
OCEAN
RĂBDARE
RÂU
SEZON
APĂ
GREUTATE
SÂRMĂ

20 - Restaurant #1

```
O  L  I  N  G  R  E  D  I  E  N  T  E  U
S  C  A  F  E  A  M  E  N  I  U  S  G  C
X  A  V  R  A  U  R  Q  S  X  P  U  I  A
S  R  C  H  E  L  N  E  R  I  Ț  Ă  Q  S
H  N  B  N  Ț  Z  E  R  V  P  C  Ș  G  T
D  E  S  E  R  T  E  R  Z  W  A  E  A  R
F  S  F  C  N  G  N  R  G  F  S  R  L  O
J  Q  K  Z  P  S  O  S  V  I  I  V  I  N
W  C  P  R  Ț  N  M  P  W  A  E  E  M  P
B  U  U  N  X  J  N  X  Q  D  R  Ț  E  Â
P  Ț  M  F  F  A  R  F  U  R  I  E  N  I
P  I  C  A  N  T  J  Y  Ț  C  T  L  T  N
I  T  A  B  B  U  C  Ă  T  Ă  R  I  E  E
H  M  J  A  T  R  N  L  W  N  Q  T  D  A
```

ALERGIE	CUȚIT
CASTRON	CARNE
PÂINE	MENIU
CASIER	ȘERVEȚEL
PUI	FARFURIE
CAFEA	REZERVARE
DESERT	SOS
ALIMENTE	PICANT
INGREDIENTE	CHELNERIȚĂ
BUCĂTĂRIE	

21 - Bees

```
G  E  C  O  S  I  S  T  E  M  R  Y  N  X
P  R  S  T  U  P  P  Z  C  I  D  G  M  K
L  O  Ă  K  M  F  B  E  N  E  F  I  C  X
A  I  Z  D  G  U  O  E  I  R  A  K  Q  T
N  J  A  L  I  M  E  N  T  E  C  R  L  I
T  W  J  Z  R  N  M  F  R  U  C  T  Ă  F
E  Ţ  I  K  W  E  Ă  A  H  S  V  L  V  L
P  O  L  E  N  N  G  R  L  A  S  H  V  O
I  N  S  E  C  T  Ă  I  S  D  C  A  D  R
Z  X  I  B  A  C  U  P  N  Y  Y  B  H  I
Z  B  N  E  X  T  R  I  X  Ă  W  I  M  W
M  V  D  I  V  E  R  S  I  T  A  T  E  W
A  H  N  Q  L  R  O  I  C  S  O  A  R  E
J  Y  W  P  O  L  E  N  I  Z  A  T  O  R
```

BENEFIC
DIVERSITATE
ECOSISTEM
FLORI
ALIMENTE
FRUCT
GRĂDINĂ
HABITAT
STUP
MIERE

INSECTĂ
PLANTE
POLEN
POLENIZATOR
REGINĂ
FUM
SOARE
ROI
CEARĂ
ARIPI

22 - Weather

```
T  T  U  N  E  T  C  L  I  M  A  T  I  G
E  V  S  F  U  R  T  U  N  Ă  H  T  D  H
M  Â  C  U  K  O  P  S  H  R  K  R  H  E
P  N  A  L  O  P  O  L  A  R  B  U  L  A
E  T  T  G  A  I  G  T  Z  J  C  E  R  Ţ
R  N  B  E  O  C  U  R  C  U  B  E  U  Ă
A  T  O  R  N  A  D  Ă  B  M  O  C  B  K
T  S  J  R  R  L  R  E  Z  F  U  I  S  A
U  V  R  U  T  E  C  C  Y  T  U  S  Q  T
R  V  L  M  C  F  G  F  S  E  U  Ţ  O  Ţ
A  L  O  P  Ţ  E  U  R  A  G  A  N  S  N
B  R  I  Z  Ă  W  A  O  Ţ  Q  P  T  A  E
F  N  D  O  S  Y  S  Ţ  L  Z  Y  G  K  V
Z  Y  S  E  C  E  T  Ă  Ă  A  E  K  T  I
```

BRIZĂ	POLAR
CLIMAT	CURCUBEU
NOR	CER
SECETĂ	FURTUNĂ
USCAT	TEMPERATURA
CEAŢĂ	TUNET
URAGAN	TORNADĂ
GHEAŢĂ	TROPICALE
FULGER	VÂNT
MUSON	

23 - Adventure

```
S  I  G  U  R  A  N  Ț  Ă  A  D  E  D  O
A  B  L  N  D  Ţ  N  O  U  L  I  X  E  P
E  N  T  U  Z  I  A  S  M  J  F  C  S  O
F  R  K  I  Z  L  V  P  R  N  I  U  T  R
P  R  E  G  Ă  T  I  R  E  A  C  R  I  T
Y  X  U  O  Q  D  G  Y  Ţ  T  U  S  N  U
P  J  J  M  T  Q  A  M  D  U  L  I  A  N
M  Ţ  M  B  U  C  R  C  Y  R  T  E  Ţ  I
Ş  A  N  S  Ă  S  E  V  W  Ă  A  A  I  T
C  H  I  T  I  N  E  R  A  R  T  T  E  A
B  U  C  U  R  I  E  Ț  Y  C  E  L  G  T
E  Q  R  O  X  P  R  I  E  T  E  N  I  E
R  L  V  A  P  R  O  V  O  C  Ă  R  I  V
T  E  I  R  J  P  E  R  I  C  U  L  O  S
```

FRUMUSEȚE   PRIETENI
CURAJ   ITINERAR
PROVOCĂRI   BUCURIE
ŞANSĂ   NATURĂ
PERICULOS   NAVIGARE
DESTINAŢIE   NOU
DIFICULTATE   OPORTUNITATE
ENTUZIASM   PREGĂTIREA
EXCURSIE   SIGURANȚĂ

24 - Circus

```
H  A  P  D  L  E  R  P  P  H  O  T  M  P
J  C  A  O  I  K  L  E  U  D  C  R  A  S
I  R  R  Y  U  S  H  E  M  B  O  U  G  P
C  O  A  B  S  J  T  R  F  M  R  C  I  E
B  B  D  T  P  R  D  R  Q  A  T  R  C  C
A  A  Ă  V  E  R  D  R  A  I  N  H  I  T
N  T  L  S  C  O  S  T  U  M  O  T  A  A
I  I  J  O  T  W  D  E  R  U  Ţ  D  N  T
M  G  O  M  A  G  I  E  G  Ţ  J  A  D  O
A  R  N  W  C  N  M  W  H  Ă  S  C  Y  R
L  U  G  U  U  E  E  M  U  Z  I  C  Ă  M
E  X  L  U  L  J  A  C  L  O  V  N  H  G
R  R  E  Ţ  O  B  O  M  B  O  A  N  E  C
E  T  R  W  S  O  Y  W  L  Ţ  X  O  N  W
```

ACROBAT	MAGIE
ANIMALE	MAGICIAN
BALOANE	MAIMUŢĂ
BOMBOANE	MUZICĂ
CLOVN	PARADĂ
COSTUM	SPECTACULOS
ELEFANT	SPECTATOR
DISTRA	CORT
JONGLER	TIGRU
LEU	TRUC

25 - Restaurant #2

```
N  C  T  B  H  B  F  R  U  C  T  L  A  D
N  Y  Z  Ă  A  H  C  U  P  C  Z  E  P  E
Ţ  Y  E  U  G  W  O  C  R  Ţ  C  G  Ă  L
O  Y  P  T  E  E  N  P  Â  C  Q  U  K  I
O  U  T  U  D  O  D  X  N  Q  Ă  M  N  C
J  Y  Ă  R  K  M  I  C  Z  Ţ  X  E  C  I
U  A  S  Ă  V  H  M  P  E  Ş  T  E  O  O
S  C  A  U  N  R  E  S  A  L  A  T  Ă  S
G  Q  R  C  K  O  N  L  I  N  G  U  R  Ă
Z  H  E  W  N  A  T  O  R  T  C  I  N  A
Ţ  K  E  J  C  H  E  L  N  E  R  Z  U  P
B  O  M  A  A  P  E  R  I  T  I  V  P  H
J  N  R  D  Ţ  X  A  A  N  X  Y  V  A  D
G  S  U  P  Ă  Ă  S  B  A  J  W  A  W  A
```

APERITIV	GHEAŢĂ
BĂUTURĂ	PRÂNZ
TORT	SALATĂ
SCAUN	SARE
DELICIOS	SUPĂ
CINA	CONDIMENTE
OUĂ	LINGURĂ
PEŞTE	LEGUME
FURCĂ	CHELNER
FRUCT	APĂ

26 - Geology

```
C E B S I D C U A R Ț P P P
T D P L A T O U Q W O B I U
A C I D Ț C N E T M C K A C
U A C H O R T S Y R Q X T O
H L N S E I I F P S E D R R
C C R C R S N L G T P M Ă A
A I Q V O T E A Ț A K I U L
V U C U Z A N V G L L N N R
E I N L I L T Ă H A Q E D C
R R F C U E V F E C S R W N
N D J A N R W O I T T A R C
Ă W N N E S I S Z I R L R J
D H W P Z T P I E T A E G E
S Q P V A H X L R F T P J G
```

ACID	GHEIZER
CALCIU	LAVĂ
CAVERNĂ	STRAT
CONTINENT	MINERALE
CORAL	PLATOU
CRISTALE	CUARȚ
CICLURI	SARE
CUTREMUR	STALACTIT
EROZIUNE	PIATRĂ
FOSIL	VULCAN

27 - House

```
C  H  E  I  F  Q  H  J  M  A  A  T  Z  N
A  M  B  H  T  T  P  G  E  V  E  Ț  E  W
M  B  T  K  J  L  G  A  R  A  J  U  C  W
E  L  A  M  P  Ă  R  R  K  K  B  B  Ș  X
R  L  Q  Q  O  O  Ă  D  S  P  I  N  F  Ă
Ă  C  W  Ț  S  G  D  S  Q  E  B  F  E  Z
P  M  O  B  I  L  I  E  R  R  L  A  R  F
V  A  T  R  Ă  I  N  H  A  E  I  C  E  W
K  M  Y  Z  W  N  Ă  F  N  T  O  O  A  Z
B  Ă  P  E  R  D  E  L  E  E  T  P  S  Z
D  T  B  U  C  Ă  T  Ă  R  I  E  E  T  U
U  U  Q  I  Y  U  L  Ț  V  I  C  R  R  I
Ș  R  Z  M  A  N  S  A  R  D  Ă  I  Ă  F
Y  Ă  V  K  G  D  V  I  E  H  N  Ș  G  V
```

MANSARDĂ	CHEI
MĂTURĂ	BUCĂTĂRIE
PERDELE	LAMPĂ
UȘĂ	BIBLIOTECĂ
GARD	OGLINDĂ
VATRĂ	ACOPERIȘ
PODEA	CAMERĂ
MOBILIER	DUȘ
GARAJ	PERETE
GRĂDINĂ	FEREASTRĂ

28 - Comedy

```
U T U R P G N M Y K C Q Q D
I P A D Â N L K I A E U O I
G N Y M L S Z U A Ţ H M P S
R A T F B Y H J M B T O A T
J M T E A C T O R E E R R R
F V F U L B Y D D K L T O A
A J Q E A I P C L Ţ E E D C
C L O V N I G Y O P V A I Ţ
A P L A U Z E E R C I T E I
J U C M P D N M N Q Z R B E
G B Ţ Q S R B U O T I U H M
O L E X P R E S I V U W H Y
C I D L O A M U Z A N T X K
A C T R I Ţ Ă H Z F E H N I
```

ACTOR	AMUZANT
ACTRIȚĂ	GEN
APLAUZE	UMOR
PUBLIC	GLUME
INTELIGENT	RÂS
CLOVNI	PARODIE
EXPRESIV	TELEVIZIUNE
DISTRACȚIE	TEATRU

29 - Bathroom

```
Ț  J  R  S  Ș  B  J  C  Y  W  L  D  E  W
L  U  Z  Ă  J  A  A  Y  C  K  O  W  X  Q
Q  M  I  P  L  Z  M  I  N  J  Ț  V  X  L
G  Q  D  U  Ș  T  C  P  E  I  I  Y  M  D
V  K  D  N  P  U  Q  A  O  I  U  T  E  U
F  J  O  H  C  U  Y  R  B  N  N  R  H  B
C  H  G  T  O  A  L  E  T  Ă  E  Z  P  U
R  H  L  Y  V  F  O  A  R  F  E  C  E  R
O  F  I  O  O  L  F  G  F  P  R  W  Y  E
B  D  N  U  R  Y  Ț  P  A  R  F  U  M  T
I  S  D  A  V  B  U  L  E  O  B  H  V  E
N  O  Ă  P  O  E  E  G  Z  S  A  B  U  R
E  C  T  Ă  J  S  T  P  B  O  D  U  U  B
T  U  L  B  O  Y  G  Ă  G  P  H  U  H  U
```

BAIE	DUȘ
BULE	CHIUVETĂ
ROBINET	SĂPUN
LOȚIUNE	BURETE
OGLINDĂ	ABUR
PARFUM	TOALETĂ
COVOR	PROSOP
FOARFECE	APĂ
ȘAMPON	

30 - School #1

```
L  N  D  A  L  F  A  B  E  T  Z  F  M  C
B  D  O  S  A  R  E  F  I  Z  W  A  A  Ă
R  I  N  U  M  E  R  E  C  R  Ţ  Q  R  R
Ă  S  B  C  R  E  I  O  N  P  O  I  K  Ţ
S  T  P  L  S  C  A  U  N  R  M  U  E  I
P  R  S  R  I  R  V  F  V  Â  A  H  R  S
U  A  J  L  I  O  E  W  V  N  T  Â  I  T
N  C  C  Q  S  E  T  D  D  Z  E  R  B  I
S  Ș  T  P  Y  Ţ  T  E  Ţ  C  M  T  J  L
U  I  C  L  A  S  Ă  E  C  K  A  I  G  O
R  E  T  E  S  T  U  W  N  Ă  T  E  Ţ  U
I  P  R  O  F  E  S  O  R  I  I  A  O  R
N  Y  F  M  W  B  K  Z  N  L  C  Y  E  I
E  X  A  M  E  N  E  B  I  U  Ă  X  E  E
```

ALFABET	BIBLIOTECĂ
RĂSPUNSURI	PRÂNZ
CĂRȚI	MARKERI
SCAUN	MATEMATICĂ
CLASĂ	NUMERE
BIROU	HÂRTIE
EXAMENE	CREION
DOSARE	STILOURI
PRIETENI	TEST
DISTRACȚIE	PROFESOR

31 - Dance

```
G  M  E  C  H  R  T  B  J  P  R  G  T  C
X  H  V  X  L  G  T  J  E  O  E  R  R  O
Ţ  X  P  K  P  A  R  T  Ă  S  P  A  A  R
A  T  W  W  A  R  S  B  J  T  E  Ţ  D  E
Z  V  Q  E  R  I  E  I  X  U  T  I  I  G
C  D  A  Ţ  T  T  I  S  C  R  I  E  Ţ  R
P  T  C  C  E  M  Z  S  I  Ă  Ţ  M  I  A
S  H  A  U  N  I  E  X  B  V  I  H  O  F
V  U  D  L  E  V  E  S  E  L  E  J  N  I
I  E  E  T  R  M  I  Ș  C  A  R  E  A  E
Z  P  M  U  Z  I  C  Ă  X  G  I  I  L  J
U  V  I  R  G  O  P  O  E  M  O  Ț  I  E
A  F  E  A  Q  F  N  W  R  X  F  D  W  P
L  C  U  L  T  U  R  Ă  T  P  I  P  A  R
```

ACADEMIE	VESEL
ARTĂ	MIȘCARE
CORP	MUZICĂ
COREGRAFIE	PARTENER
CLASIC	POSTURĂ
CULTURAL	REPETIŢIE
CULTURĂ	RITM
EMOŢIE	TRADIŢIONAL
EXPRESIV	VIZUAL
GRAŢIE	

32 - Colors

```
Z I I Z C Y A N Y M A R O F
Y N G Ţ R O Z H E A L O G U
G D R V I Ţ J J L G B Ș A C
N I I M M Z Q W S E R U L S
L G D B S K X K B N X U B I
I O Y J O V N K H T A E E E
V Z C Y N S W X N A H X N Ţ
E A L B A S T R U S E P I A
R B C C G E J V V S S T E W
D E K E T F J B Z E B Y N C
E J A Ţ I A L F N I A A L F
P O R T O C A L I U X B A A
A Z U R V R P K V I O L E T
A X I L U N M F T J M M X N
```

AZUR	INDIGO
BEJ	MAGENTA
NEGRU	PORTOCALIU
ALBASTRU	ROZ
MARO	VIOLET
CRIMSON	ROȘU
CYAN	SEPIA
FUCSIE	ALB
VERDE	GALBEN
GRI	

33 - Climbing

```
P  J  Q  H  J  W  X  K  C  F  N  H  M  K
A  R  Ţ  S  A  D  Y  G  H  I  D  U  R  I
L  P  O  B  T  W  Ţ  R  S  Z  Z  Y  S  R
T  E  F  V  M  O  N  O  T  I  M  M  I  H
I  Ș  O  G  O  V  A  O  A  C  C  D  E  M
T  T  R  V  S  C  T  Q  B  H  A  R  T  Ă
U  E  M  T  F  R  Ă  L  I  K  S  U  Q  N
D  R  A  Ţ  E  M  R  R  L  K  C  M  I  U
I  Ă  R  A  R  R  I  B  I  Q  Ă  E  U  Ș
N  Z  E  R  Ă  K  E  B  T  O  U  Ţ  L  I
E  E  X  P  E  R  T  N  A  E  P  I  V  R
Î  N  G  U  S  T  S  Q  T  X  B  I  T  Q
L  E  G  Z  J  C  E  Z  E  C  A  V  Q  R
C  U  R  I  O  Z  I  T  A  T  E  R  Q  G
```

ALTITUDINE	CASCĂ
ATMOSFERĂ	DRUMEȚII
CIZME	HARTĂ
PEȘTERĂ	ÎNGUST
PROVOCĂRI	FIZIC
CURIOZITATE	STABILITATE
EXPERT	TĂRIE
MĂNUȘI	TEREN
GHIDURI	FORMARE

34 - Shapes

```
K  D  I  Ţ  L  Ţ  O  Y  C  U  B  U  K  M
P  A  R  T  E  Y  S  M  P  O  I  S  I  S
O  V  A  L  W  E  T  A  N  E  L  J  E  N
P  Ă  T  R  A  T  J  O  F  W  I  Ţ  R  B
D  R  E  P  T  U  N  G  H  I  N  C  P  J
T  V  I  N  R  O  T  P  I  P  I  L  O  A
R  A  H  S  W  O  C  I  P  X  A  I  L  N
I  G  U  F  M  Z  E  R  E  D  E  A  I  L
U  I  Y  E  A  Ă  R  A  R  D  L  R  G  Y
N  F  C  R  R  F  C  M  B  C  I  C  O  M
G  P  Ţ  Ă  G  E  M  I  O  U  P  D  N  Ţ
H  F  T  Y  I  I  O  D  L  R  S  U  Z  L
I  T  W  J  N  E  Q  Ă  Ă  B  Ă  D  E  E
V  C  I  L  I  N  D  R  U  Ă  W  S  X  J
```

ARC	LINIA
CERC	OVAL
CON	POLIGON
COLŢ	PRISMĂ
CUB	PIRAMIDĂ
CURBĂ	DREPTUNGHI
CILINDRU	PARTE
MARGINI	SFERĂ
ELIPSĂ	PĂTRAT
HIPERBOLĂ	TRIUNGHI

35 - Scientific Disciplines

```
J  I  E  C  O  L  O  G  I  E  B  M  F  S
Q  G  M  E  C  A  N  I  C  A  I  I  I  O
M  D  C  U  B  L  A  D  A  O  N  Z  C
C  G  W  H  N  L  D  R  Q  N  L  E  I  I
A  L  J  X  T  O  P  H  G  A  O  R  O  O
S  W  R  V  B  U  L  E  C  T  G  A  L  L
T  L  H  L  Ţ  P  L  O  S  O  I  L  O  O
R  A  A  C  K  Y  Ţ  L  G  M  E  O  G  G
O  P  S  I  H  O  L  O  G  I  E  G  I  I
N  E  U  R  O  L  O  G  I  E  E  I  E  E
O  Y  N  Y  C  C  H  I  M  I  E  E  H  I
M  Ţ  I  O  X  R  G  E  O  L  O  G  I  E
I  B  O  T  A  N  I  C  Ă  N  D  P  L  G
E  K  I  N  E  T  O  T  E  R  A  P  I  E
```

ANATOMIE	IMUNOLOGIE
ARHEOLOGIE	KINETOTERAPIE
ASTRONOMIE	MECANICA
BIOLOGIE	MINERALOGIE
BOTANICĂ	NEUROLOGIE
CHIMIE	FIZIOLOGIE
ECOLOGIE	PSIHOLOGIE
GEOLOGIE	SOCIOLOGIE

36 - School #2

```
D D I C Ț I O N A R V B F E
A I N R A U T O B U Z C O D
O V B I B L I O T E C Ă A U
G B N H X H E F B M Ă T R C
M A M Ș T I I N Ț Ă R H F A
A C A D E M I C D D Ț Â E Ț
Ț T U P P V U F N A I R C I
L I T E R A T U R Ă R T E E
V V E B O C R E I O N I Z S
G I X V F R U C S A C E O A
M T R W E G R A M A T I C Ă
O Ă O G S J K T F O H J B P
M Ț P R O V I Z I I Z X O Y
I I Q R R A D I E R Ă P A V
```

ACADEMIC	GRAMATICĂ
ACTIVITĂȚI	BIBLIOTECĂ
RUCSAC	LITERATURĂ
CĂRȚI	HÂRTIE
AUTOBUZ	CREION
CALENDAR	ȘTIINȚĂ
DICȚIONAR	FOARFECE
EDUCAȚIE	PROVIZII
RADIERĂ	PROFESOR

37 - Science

```
G  P  H  N  L  E  M  O  H  Ţ  V  O  A  M
X  L  J  C  A  X  I  N  K  X  I  M  C  O
U  A  T  V  B  P  N  B  O  Z  P  D  P  L
A  N  G  V  O  E  E  E  R  C  O  E  V  E
W  T  C  X  R  R  R  V  F  H  T  Ș  U  C
F  E  O  X  A  I  A  O  A  I  E  T  B  U
D  O  Q  M  T  M  L  L  P  M  Z  I  W  L
L  K  S  O  O  E  E  U  T  I  Ă  I  Y  E
Ţ  J  Q  I  R  N  L  Ţ  Y  C  Y  N  C  R
M  F  Z  Ţ  L  T  Ţ  I  Z  T  V  Ț  L  Ă
N  A  T  U  R  Ă  M  E  T  O  D  Ă  I  V
T  O  R  G  A  N  I  S  M  U  A  I  M  E
P  A  R  T  I  C  U  L  E  L  T  Ţ  A  T
G  R  A  V  I  T  A  Ţ  I  E  E  M  T  N
```

ATOM	LABORATOR
CHIMIC	METODĂ
CLIMAT	MINERALE
DATE	MOLECULE
EVOLUȚIE	NATURĂ
EXPERIMENT	ORGANISM
FAPT	PARTICULE
FOSIL	FIZICĂ
GRAVITAȚIE	PLANTE
IPOTEZĂ	OM DE ȘTIINȚĂ

38 - To Fill

```
S X L C D R Z B G P U Z C X
T A V Ă O Z B U Ă A S X G K
I O A Z S Ş U Z L C K X M P
C U Z N A O T U E H U G M V
L N Ă G R M O N A E V X U Q
Ă V I L G J I A T T R C M S
F Z A Y E P Z R Ă L Ţ M C C
C W V V C D M R F C A D Ă P
J U T U B A Z I N S J X L L
N U T B O R C A N X A D A I
T O E I Y E E H K Z N C D C
U W C S E R T A R L L N Ă S
R Ţ V Q D N C V F J W I Q F
U D H B C B V A L I Z Ă R Y
```

SAC	DOSAR
BUTOI	BORCAN
BAZIN	PACHET
COŞ	BUZUNAR
STICLĂ	VALIZĂ
CUTIE	TAVĂ
GĂLEATĂ	CADĂ
LADĂ	TUB
SERTAR	VAZĂ
PLIC	

39 - Summer

```
R C K O C K O M S T E L E S
E Ă R L A Z M Y A C A S Ă C
L L U H M Ţ U N N R N H U U
A Ă G S P G Z M D P E Z D F
X T R M I S I M A M O Z H U
A O Ă J N J C S L A M P P N
R R D H G P Ă Ă E S Y A R D
E I I F J O C U R I G P I Ă
O E N A V A C A N Ţ Ă L E R
I P Ă M Y A B M I Y I A T I
G A M I N T I R I Ţ G J E G
Ţ R A L I M E N T E B Ă N T
F N Y I Ţ B U C U R I E I Q
P Ţ P E T I M P L I B E R Y
```

PLAJĂ
CĂRŢI
CAMPING
SCUFUNDĂRI
FAMILIE
ALIMENTE
PRIETENI
JOCURI
GRĂDINĂ
ACASĂ

BUCURIE
TIMP LIBER
AMINTIRI
MUZICĂ
RELAXARE
SANDALE
MARE
STELE
CĂLĂTORIE
VACANŢĂ

40 - Clothes

```
C W M M F R O C H I E L A B
P I J A M A P U Ă A V H P R
P A N T O F E R C M S J T Ă
E Ș A R F Ă S E D O A U H Ț
M G G F N T K A H D C Ș P A
M Ă N U Ș I L G B Ă O O Ă R
P S O S A N D A L E U R C Ă
X Ă T T E X B L U Z Ă Ţ A Ţ
A H L A O G X Z G K Q N U S
W H A Ă J J S F I Z L K V H
H X B I R B I J U T E R I I
B F M M N I P U L O V E R U
Q G N S L A E U M K O L U I
P A N T A L O N I L R H L J
```

ŞORŢ	BLUGI
CUREA	BIJUTERII
BLUZĂ	PIJAMA
BRĂŢARĂ	PANTALONI
HAINA	SANDALE
ROCHIE	EŞARFĂ
MODĂ	CĂMAŞĂ
MĂNUŞI	PANTOF
PĂLĂRIE	FUSTA
SACOU	PULOVER

41 - Insects

```
G H O C A F I D Ă G F L Q V
L T V G F L L A R V Ă J I Q
Ț N B M Y U G Ă M A N T I S
D Â C S M T R Z C B L X U Z
S H N R Q U E N P U R I C I
Z I U Ț F R I V I E S P E G
G P W I A E E O O C Ț T R Â
Z S R H S R R M L Q Ă E Ă N
S A L C Â M Z N N N N R V D
L I B E L U L Ă F C Y M I A
J U T N X R H W M O L I E C
A L B I N Ă J L N Q Y T R G
G Ă R G Ă R I Ț Ă D K Ă M G
G Q I R L M P E D M U Y E T
```

FURNICĂ	GĂRGĂRIȚĂ
AFIDĂ	LARVĂ
ALBINĂ	SALCÂM
GÂNDAC	MANTIS
FLUTURE	ȚÂNȚAR
GREIER	MOLIE
LIBELULĂ	TERMITĂ
PURICI	VIESPE
LĂCUSTĂ	VIERME

42 - Astronomy

```
S  S  B  P  Ă  M  Â  N  T  N  R  A  F  E
Ţ  U  A  Z  O  D  I  A  C  E  S  S  U  O
S  D  P  T  J  I  C  M  L  B  Z  T  E  K
C  N  O  E  E  D  G  J  E  U  Ţ  R  C  X
H  F  L  D  R  L  H  A  V  L  N  O  L  U
A  F  C  Ţ  Ţ  N  I  N  L  O  R  N  I  R
S  J  F  Z  K  Y  O  T  Z  A  D  O  P  A
T  M  E  T  E  O  R  V  D  S  X  M  S  D
R  A  C  H  E  T  Ă  S  Ă  Ă  A  I  Ă  I
O  B  S  E  R  V  A  T  O  R  X  J  E  A
N  C  O  N  S  T  E  L  A  Ţ  I  E  T  Ţ
A  C  O  S  M  O  S  U  C  E  R  U  E  I
U  Q  I  E  C  H  I  N  O  C  Ţ  I  U  E
T  V  H  D  C  P  L  A  N  E  T  Ă  Y  H
```

ASTRONAUT	NEBULOASĂ
ASTRONOM	OBSERVATOR
CONSTELAŢIE	PLANETĂ
COSMOS	RADIAŢIE
PĂMÂNT	RACHETĂ
ECLIPSĂ	SATELIT
ECHINOCŢIU	CER
GALAXIE	SUPERNOVĂ
METEOR	ZODIAC
LUNA	

43 - Pirates

```
A  U  S  E  E  A  H  H  F  A  B  M  Q  C
N  A  U  R  C  J  V  A  B  U  S  O  L  Ă
C  U  I  O  H  X  L  E  R  P  T  N  I  P
O  U  C  M  I  C  I  Z  N  T  X  E  P  I
R  M  B  U  P  L  A  J  Ă  T  Ă  D  J  T
Ă  C  I  C  A  T  R  I  C  E  U  E  U  A
I  C  Z  P  J  W  U  N  Y  S  L  R  E  N
N  O  L  E  P  A  P  A  G  A  L  F  Ă  A
S  M  D  R  A  P  E  L  S  B  H  U  O  O
U  O  L  I  Ă  G  O  H  F  I  Q  H  O  N
L  A  K  C  X  U  O  B  M  E  Q  I  M  D
Ă  R  E  O  L  E  G  E  N  D  Ă  E  J  W
Y  Ă  Q  L  P  E  Ș  T  E  R  Ă  W  C  D
U  U  J  P  F  I  E  F  Ţ  T  L  Y  S  Q
```

AVENTURĂ	DRAPEL
ANCORĂ	AUR
RĂU	INSULĂ
PLAJĂ	LEGENDĂ
CĂPITAN	HARTĂ
PEȘTERĂ	PAPAGAL
MONEDE	ROM
BUSOLĂ	CICATRICE
ECHIPAJ	SABIE
PERICOL	COMOARĂ

44 - Time

```
D  V  S  A  B  Ţ  A  A  Î  C  E  A  S  L
P  E  Ţ  N  Z  L  C  M  N  W  P  A  S  U
G  J  C  P  D  I  U  I  A  T  E  V  Ă  N
Z  V  F  E  K  O  M  A  I  Y  P  Ţ  P  Ă
K  B  P  C  N  V  X  Z  N  O  A  P  T  E
M  I  N  U  T  I  D  Ă  T  M  E  N  Ă  T
T  I  X  M  G  Z  U  S  E  C  O  L  M  Y
C  Ţ  Q  E  D  L  U  E  I  A  L  T  Â  A
W  L  F  G  V  W  G  M  N  L  K  T  N  N
M  K  N  T  D  I  M  I  N  E  A  Ţ  Ă  U
I  A  I  O  C  W  I  K  N  N  E  X  X  A
D  E  V  R  E  M  E  T  U  D  Q  Z  V  L
F  L  W  Ă  B  Ţ  I  E  O  A  Z  I  Z  R
X  I  U  A  C  Y  Z  C  U  R  Â  N  D  H
```

ANUAL	MINUT
ÎNAINTE	LUNĂ
CALENDAR	DIMINEAŢĂ
SECOL	NOAPTE
CEAS	AMIAZĂ
ZI	ACUM
DECENIU	CURÂND
DEVREME	AZI
VIITOR	SĂPTĂMÂNĂ
ORĂ	AN

45 - Buildings

```
W  S  U  P  E  R  M  A  R  K  E  T  S  O
A  T  N  L  I  Y  Y  P  X  R  B  P  R  B
G  G  T  O  D  W  H  A  M  B  A  R  M  S
Q  O  T  L  A  B  O  R  A  T  O  R  T  E
R  F  J  F  M  W  O  T  U  R  N  J  E  R
C  A  S  T  E  L  N  A  M  A  W  Y  A  V
I  F  P  P  K  M  Ţ  M  U  Z  E  U  T  A
N  C  A  E  X  I  E  E  P  Ţ  A  V  R  T
E  A  M  B  N  D  S  N  E  T  Z  L  U  O
M  B  A  Q  R  S  S  T  A  D  I  O  N  R
A  I  Q  F  B  I  I  Ş  C  O  A  L  Ă  T
D  N  C  O  R  T  C  U  S  P  I  T  A  L
O  Ă  H  O  T  E  L  Ă  N  Ţ  V  Ţ  N  A
A  M  B  A  S  A  D  Ă  R  E  G  J  H  F
```

APARTAMENT	LABORATOR
HAMBAR	MUZEU
CABINĂ	OBSERVATOR
CASTEL	ŞCOALĂ
CINEMA	STADION
AMBASADĂ	SUPERMARKET
FABRICĂ	CORT
SPITAL	TEATRU
PENSIUNE	TURN
HOTEL	

46 - Herbalism

```
B R O Z M A R I N G H J J J
U D F E N I C U L S Q C I O
S B E N E F I C H M A Y N R
U Z X Y C U L I N A R Ţ G Q
I H C T G S B G F L O A R E
O U G A M T Y Y R E M P E V
C F R R Ţ U K W P Ă Ă B D E
M A G H I R A N P L D E I R
I E A O Ş O F R A N A I E D
G I N N G I F O Q D R N N E
B P C T O R E G A N O B T Ă
Ţ S R Q Ă A V I V N M B F Ă
L A V A N D Ă X H K A R R Q
P Ă T R U N J E L U T T D B
```

AROMAT	INGREDIENT
BUSUIOC	LAVANDĂ
BENEFIC	MAGHIRAN
CULINAR	MENTĂ
FENICUL	OREGANO
AROMĂ	PĂTRUNJEL
FLOARE	PLANTĂ
GRĂDINĂ	ROZMARIN
USTUROI	ŞOFRAN
VERDE	TARHON

47 - Toys

```
T O B E T M Z Z M E U I C B
V Y J Z E R C R E I O A N E
R O B O T C E H Ş M U W J B
M A Ș I N Ă Z N T A Ș A H A
N U Z W C R R X E G X L Y R
B M T F G Ț Ţ O Ş I C R U C
E I M G A I L Z U N P Q J Ă
S N C E C V U V G A U O V D
P G C I G F O V U Ț Z L A V
D E W S C E O R R I Z H W A
Q F Y R E L X V I E L I L V
J O C U R I E L U T E D E I
C A M I O N S T Ţ N N L C O
F L C H M G E P Ă P U Ş Ă N
```

AVION
MINGE
BICICLETĂ
BARCĂ
CĂRȚI
MAȘINĂ
ȘAH
LUT
MEȘTEȘUGURI
CREIOANE

PĂPUŞĂ
TOBE
FAVORIT
JOCURI
IMAGINAȚIE
ZMEU
PUZZLE
ROBOT
TREN
CAMION

48 - Vehicles

```
Z  B  Ţ  O  A  S  U  B  M  A  R  I  N  Ţ
C  I  M  H  U  M  Ţ  S  C  H  P  Y  L  L
A  C  O  N  T  J  B  C  K  G  W  V  C  M
R  I  T  B  O  V  G  U  E  T  A  X  I  A
A  C  O  F  B  W  O  T  L  B  O  L  S  Ş
V  L  R  H  U  A  Y  E  I  A  A  X  N  I
A  E  R  B  Z  D  V  R  C  L  N  C  D  N
N  T  A  A  N  V  E  L  O  P  E  Ţ  I  Ă
Ă  Ă  C  R  C  N  G  W  P  L  U  T  Ă  M
I  Z  H  C  A  A  I  N  T  A  I  E  Ţ  E
C  C  E  Ă  M  V  G  K  E  V  Q  J  O  T
Z  R  T  V  I  E  O  P  R  I  E  P  J  R
W  M  Ă  W  O  T  Y  N  Y  O  G  P  Ţ  O
Ţ  Y  T  S  N  Ă  U  M  R  N  Ţ  G  F  U
```

AVION	PLUTĂ
AMBULANŢĂ	RACHETĂ
BICICLETĂ	SCUTER
BARCĂ	NAVETĂ
AUTOBUZ	SUBMARIN
MAŞINĂ	METROU
CARAVANĂ	TAXI
BAC	ANVELOPE
ELICOPTER	CAMION
MOTOR	

49 - Flowers

```
M  L  R  R  K  B  K  I  M  P  T  E  O  D
A  A  M  X  L  U  Ţ  A  A  P  R  W  X  Y
C  L  R  E  A  J  B  S  G  H  I  D  D  V
R  E  X  G  V  O  U  O  N  I  F  A  X  R
I  A  A  H  A  R  C  M  O  B  O  I  E  I
N  Z  A  E  N  R  H  I  L  I  I  V  M  T
O  R  H  I  D  E  E  E  I  S  P  L  E  R
Ţ  S  M  L  Ă  Y  T  T  E  C  R  N  V  A
P  L  U  M  E  R  I  A  Ă  U  A  A  J  N
L  I  L  I  A  C  F  V  C  S  J  R  B  D
G  X  A  N  P  Ă  P  Ă  D  I  E  C  Ţ  A
G  A  R  D  E  N  I  E  B  A  Ţ  I  T  F
I  W  D  X  E  O  F  C  F  I  B  S  N  I
Q  E  O  K  B  O  P  E  T  A  L  Ă  R  R
```

BUCHET	CRIN
TRIFOI	MAGNOLIE
NARCISĂ	ORHIDEE
MARGARETĂ	BUJOR
PĂPĂDIE	PETALĂ
GARDENIE	PLUMERIA
HIBISCUS	MAC
IASOMIE	TRANDAFIR
LAVANDĂ	LALEA
LILIAC	

50 - Town

```
S O D S E M A G A Z I N C C
T X E S S U E C X E O V G L
A M K U V Z R Y Ş O J N A I
D F S P P E O B C P H Z L N
I F A E D U P H O T E L E I
O C J R F L O R A R B S R C
N Z W M M V R Ţ L T R W I A
C K Q A X A T X Ă S U X E U
C A J R X A C T Z A T R U W
I O F K B W L I B R Ă R I E
N P T E A T R U E H R E R N
E T X T N D S P S L I W R H
M V K L C E X O W J E E X C
A Z L X Ă A A P I A Ţ Ă V T
```

AEROPORT	HOTEL
BRUTĂRIE	PIAŢĂ
BANCĂ	MUZEU
LIBRĂRIE	FARMACIE
CAFENEA	ŞCOALĂ
CINEMA	STADION
CLINICA	MAGAZIN
FLORAR	SUPERMARKET
GALERIE	TEATRU

51 - Antarctica

```
C B L S P E N I N S U L Ă V
O Q L T S I B D O O W H S Ș
N E T Â B V U K N O R R C T
T C O N S E R V A R E I L I
I I P C Z W U V J R H T Ț
N N O O T M I G R A Ţ I E N
E S G S M Q M H E O M Ţ S Ț
N U R C E R C E T Ă T O R I
T L A R L R H Ţ D G D P U F
C E F A P Ă S A T I O H Ţ I
O S I P Ă S Ă R I Y U L V C
V T E X P E D I Ţ I E O F A
E D W V G E O G R A F I E G
O M F D T G H E A Ț Ă F M M
```

GOLF   GHEAȚĂ
PĂSĂRI   INSULE
NORI   MIGRAȚIE
CONSERVARE   PENINSULĂ
CONTINENT   CERCETĂTOR
COVE   STÂNCOS
MEDIU   ȘTIINȚIFIC
EXPEDIȚIE   TOPOGRAFIE
GEOGRAFIE   APĂ
GHEȚARI

52 - Ballet

```
G  E  S  T  T  O  G  R  I  D  Î  B  Ţ  C
M  U  Z  I  C  Ă  J  P  T  Y  N  A  N  O
W  U  Y  O  H  Ţ  M  K  P  U  D  L  U  R
E  U  Ș  A  A  P  L  A  U  Z  E  E  A  E
Q  B  P  C  H  X  P  A  B  C  M  R  K  G
R  S  S  V  H  Y  W  E  L  O  Â  I  E  R
P  G  F  Ţ  X  I  Ţ  R  I  M  N  N  X  A
D  R  I  T  M  H  H  S  C  P  A  Ă  P  F
Q  A  A  D  A  N  S  A  T  O  R  I  R  I
R  Ţ  O  C  M  C  T  P  K  Z  E  V  E  E
G  I  R  E  T  H  I  L  X  I  S  Y  S  H
U  O  O  N  C  I  L  B  C  T  M  Z  I  Z
J  S  D  O  B  O  C  V  Ţ  O  H  Ţ  V  G
L  E  C  Ț  I  I  F  Ă  H  R  Y  T  L  G
```

APLAUZE	GRAŢIOS
PUBLIC	LECŢII
BALERINĂ	MUȘCHI
COREGRAFIE	MUZICĂ
COMPOZITOR	PRACTICĂ
DANSATORI	RITM
EXPRESIV	ÎNDEMÂNARE
GEST	STIL

53 - Human Body

```
J  R  D  S  G  N  Ţ  C  R  B  P  C  E  B
X  X  D  X  T  N  C  S  R  G  K  D  O  C
U  H  I  N  F  Q  X  P  I  E  L  E  B  R
M  M  Z  Ţ  G  D  F  X  I  N  I  M  Ă  P
D  I  J  C  P  Â  F  R  D  U  M  Ă  R  Q
P  F  A  Ţ  Ă  U  T  L  E  N  A  B  B  C
W  A  O  C  H  R  M  D  G  C  P  G  I  M
G  L  O  I  U  E  P  J  E  H  J  L  E  S
X  C  K  B  B  C  O  T  T  I  N  E  E  Â
Q  Ă  X  K  S  H  H  Z  U  E  A  Z  T  N
C  K  T  N  M  E  B  B  C  M  Â  N  Ă  G
E  A  P  I  C  I  O  R  G  U  R  Ă  A  E
M  D  P  C  C  R  E  I  E  R  T  O  U  S
O  A  S  E  L  W  I  Y  V  G  Q  R  G  Ţ
```

GLEZNĂ	CAP
SÂNGE	INIMĂ
OASE	FALCĂ
CREIER	GENUNCHI
BĂRBIE	PICIOR
URECHE	GURĂ
COT	GÂT
FAŢĂ	NAS
DEGET	UMĂR
MÂNĂ	PIELE

54 - Musical Instruments

```
M  S  A  T  X  H  T  C  H  M  K  J  B  T
F  A  G  O  T  N  B  K  H  D  Q  C  A  Q
P  X  R  T  O  B  Ă  T  A  I  W  O  N  F
E  O  P  I  V  I  O  A  R  Ă  T  P  J  V
R  F  X  I  M  X  F  M  P  T  C  A  O  Ţ
C  O  E  T  A  B  L  B  Ă  R  L  N  R  B
U  N  G  E  K  N  A  U  D  O  A  E  I  Ă
Ţ  T  O  B  O  I  U  R  T  M  R  N  G  I
I  A  N  W  Y  B  T  I  A  B  I  N  V  K
E  O  G  R  N  Z  K  N  E  O  N  G  Y  B
O  S  T  D  I  Ţ  F  Ă  I  N  E  Ţ  Ţ  H
V  I  O  L  O  N  C  E  L  H  T  U  W  A
T  R  O  M  P  E  T  Ă  P  X  U  Q  T  G
F  M  A  N  D  O  L  I  N  Ă  Ţ  L  Y  P
```

BANJO	MANDOLINĂ
FAGOT	MARIMBA
VIOLONCEL	OBOI
CLARINET	PERCUŢIE
TOBĂ	PIAN
COPANE	SAXOFON
FLAUT	TAMBURINĂ
GONG	TROMBON
CHITARĂ	TROMPETĂ
HARPĂ	VIOARĂ

55 - Cooking Tools

```
R  Z  N  M  M  N  T  K  F  I  L  T  R  U
C  Ă  H  Y  L  M  I  R  O  F  U  R  C  Ă
U  A  Z  T  D  Z  M  K  A  R  B  Y  U  I
Ţ  S  P  Ă  S  O  B  Ă  R  I  K  K  P  C
I  S  Y  A  T  L  G  S  F  G  H  L  T  S
T  Ţ  C  L  C  O  K  T  E  I  X  I  O  P
D  R  E  K  G  D  A  O  C  D  F  N  R  A
C  E  A  I  N  I  C  R  E  E  F  G  B  T
W  A  U  N  C  R  I  C  E  R  R  U  L  U
S  T  R  E  C  U  R  Ă  T  O  A  R  E  L
T  E  R  M  O  M  E  T  R  U  O  Ă  N  Ă
T  H  B  E  U  G  V  O  Y  P  N  D  D  C
Z  E  S  S  G  A  G  R  A  W  P  G  E  U
T  A  C  Â  M  U  R  I  Y  K  Ţ  B  R  E
```

BLENDER	CUPTOR
STRECURĂTOARE	FRIGIDER
TACÂMURI	FOARFECE
FURCĂ	SPATULĂ
RĂZĂTOARE	LINGURĂ
STORCĂTOR	SOBĂ
CEAINIC	FILTRU
CUŢIT	TERMOMETRU
CAPAC	

56 - Fruit

```
B  S  N  Z  Z  P  A  R  Ă  F  I  G  C  N
L  T  E  D  I  I  B  G  Z  P  S  B  I  U
W  R  C  O  P  E  Ţ  A  E  S  T  L  R  C
X  U  T  Z  A  R  K  L  N  S  Ţ  T  E  Ă
S  G  A  M  P  S  C  T  T  A  P  Ţ  A  D
M  U  R  E  A  I  F  V  O  M  N  J  Ș  E
B  R  I  U  Y  C  K  I  W  I  U  Ă  Ă  C
A  I  N  R  A  Ă  A  V  O  C  A  D  O  O
C  N  Ă  Ă  A  P  E  P  E  N  E  G  Z  C
Ă  M  A  N  G  O  C  L  Ă  M  Â  I  E  O
L  Ă  A  N  U  W  Q  A  R  I  B  M  Ţ  S
M  R  K  E  A  O  P  F  I  I  Y  L  T  U
C  P  D  U  V  S  P  W  H  S  A  B  B  T
T  M  A  N  A  L  S  Q  F  R  Ă  U  Ţ  M
```

MĂR	KIWI
CAISĂ	LĂMÂIE
AVOCADO	MANGO
BANANĂ	PEPENE
BACĂ	NECTARINĂ
CIREAȘĂ	PAPAYA
NUCĂ DE COCOS	PIERSICĂ
FIG	PARĂ
STRUGURI	ANANAS
GUAVA	ZMEURĂ

57 - Virtues #1

```
E F I C I E N T X K Z H F G
I N T E L I G E N T U P P G
Z T U A R T I S T I C B A A
E M T Î N Ț E L E P T E S U
V J I M A G I N A T I V I Y
S J L M O D E S T A Q S O P
D E C I S I V C P G B U N R
I N D E P E N D E N T A A A
D E Î N C R E D E R E M T C
Î N C R E Z Ă T O R C U U T
G E N E R O S C J Ţ U Z E I
I F E R M E C Ă T O R A Z C
P A C I E N T P Q E A N Y S
C U R I O S A U Z G T T W G
```

ARTISTIC	UTIL
FERMECĂTOR	IMAGINATIV
CURAT	INDEPENDENT
ÎNCREZĂTOR	INTELIGENT
CURIOS	MODEST
DECISIV	PASIONAT
EFICIENT	PACIENT
AMUZANT	PRACTIC
GENEROS	DE ÎNCREDERE
BUN	ÎNȚELEPT

58 - Kitchen

```
C  Ș  P  O  L  O  N  I  C  D  L  C  F  B
A  E  L  I  N  G  U  R  I  K  B  Y  R  E
S  R  I  G  J  X  C  O  L  M  K  R  Ț  T
T  V  I  R  E  Ț  E  T  Ă  A  Q  G  R  M
R  E  B  G  R  Ă  T  A  R  F  Y  A  A  L
O  Ț  K  E  C  O  N  D  I  M  E  N  T  E
N  E  F  M  Ț  E  C  U  Ț  I  T  E  A  O
O  L  U  E  D  I  A  I  L  M  P  B  L  S
B  U  R  E  T  E  Ș  I  K  R  R  O  I  Ș
Q  L  C  U  P  E  T  O  N  M  P  R  M  O
O  C  I  T  D  G  R  D  A  I  C  C  E  R
X  I  N  J  C  U  P  T  O  R  C  A  N  Ț
C  O  N  G  E  L  A  T  O  R  E  N  T  U
F  R  I  G  I  D  E  R  I  O  V  I  E  Z
```

ȘORȚ	CEAINIC
CASTRON	CUȚITE
BEȚIȘOARE	POLONIC
CUPE	ȘERVEȚEL
ALIMENTE	CUPTOR
FURCI	REȚETĂ
CONGELATOR	FRIGIDER
GRĂTAR	CONDIMENTE
BORCAN	BURETE
ULCIOR	LINGURI

59 - Art Supplies

```
P  X  N  A  C  U  A  R  E  L  E  I  Ș  P
X  E  E  C  U  V  V  O  P  S  E  L  E  N
W  Z  I  I  O  E  L  J  U  C  X  W  V  O
C  R  E  A  T  I  V  I  T  A  T  E  A  Ț
Ă  E  Q  R  G  A  R  T  L  U  T  C  L  O
R  T  B  A  Z  F  B  P  C  N  Z  E  E  O
B  M  Q  D  B  Y  O  E  U  Q  I  R  T  D
U  L  E  I  D  E  I  R  L  K  G  N  A  H
N  M  A  E  C  R  E  I  O  A  N  E  C  Â
E  Q  Ț  R  N  L  D  I  R  F  J  A  R  R
H  X  M  Ă  C  Y  Y  H  I  A  W  L  I  T
Y  T  F  L  I  P  I  C  I  M  P  Ă  L  I
C  R  J  G  M  Q  F  Y  H  Y  T  Ă  I  E
A  P  A  R  A  T  F  O  T  O  W  Y  C  F
```

ACRILIC
PERII
APARAT FOTO
SCAUN
CĂRBUNE
LUT
CULORI
CREATIVITATE
ȘEVALET
RADIERĂ

LIPICI
IDEI
CERNEALĂ
ULEI
VOPSELE
HÂRTIE
CREIOANE
TABEL
APĂ
ACUARELE

60 - Science Fiction

```
O N K U T O P I E C A A H M
S R R E P E M N Q Ă T W G I
G F A Ţ A R H H Y R O W R S
A A Ţ C O H R N C Ţ M U O T
Y N L Ţ O W J E O I I W B E
V T X A Y L N R H L C S O R
C A U N X L U M E J O C Ţ I
Ţ S F S C I N E M A U G I O
A T R N L C E X T R E M I S
D I S T O P I E E C S Z T E
B C X T N F U T U R I S T O
F O C G E I M A G I N A R N
Z P L A N E T Ă T W H L A F
W I L U Z I E X P L O Z I E
```

ATOMIC	GALAXIE
CĂRŢI	ILUZIE
CINEMA	IMAGINAR
CLONE	MISTERIOS
DISTOPIE	ORACOL
EXPLOZIE	PLANETĂ
EXTREM	ROBOŢI
FANTASTIC	TEHNOLOGIE
FOC	UTOPIE
FUTURIST	LUME

61 - Kindness

```
R  T  R  R  C  S  A  F  F  D  Ț  D  E  M
E  E  O  I  F  Ț  T  T  Z  E  B  V  M  Ț
S  X  C  L  V  M  E  O  E  Î  M  P  P  R
P  V  C  E  E  W  N  G  E  N  E  R  O  S
E  O  O  R  P  R  T  G  F  C  E  I  U  O
C  I  M  H  T  T  A  M  D  R  W  E  T  S
T  U  P  Z  O  S  I  N  C  E  R  T  I  P
U  B  A  Z  Z  F  W  V  T  D  L  E  L  I
O  I  S  K  J  C  R  D  O  E  C  N  B  T
S  T  I  K  I  Y  Y  P  U  R  N  O  F  A
D  O  U  L  Y  H  W  B  N  E  L  S  R  L
Z  R  N  B  L  Â  N  D  M  V  V  D  S  I
Ț  E  E  L  G  F  E  R  I  C  I  T  Ț  E
P  A  C  I  E  N  T  T  L  I  H  N  C  R
```

ATENT	OSPITALIER
COMPASIUNE	IUBITOR
PRIETENOS	PACIENT
GENEROS	RECEPTIV
BLÂND	DE ÎNCREDERE
FERICIT	RESPECTUOS
UTIL	TOLERANT
SINCER	

62 - Airplanes

```
A R H I A C A E R U E Y E L
P W I S L G O U S L L C C E
V T D T T A Î B N F I O H H
M B R O I X N O O J C N I N
O V O R T J Ă T S R E S P P
D A G I U E L J Z M Â T A M
E T E E D J Ţ D N W U R J O
L E N X I P I L O T M U E T
W R F R N W M U O X C C C O
O I G Z E J E C J T K Ţ E R
S Z A T M O S F E R Ă I R C
B A L O N M P J H Z I E Ţ H
R R P A S A G E R F F X A K
Q E O B A V E N T U R Ă T E
```

AVENTURĂ	MOTOR
AER	ÎNĂLŢIME
ALTITUDINE	ISTORIE
ATMOSFERĂ	HIDROGEN
BALON	ATERIZARE
CONSTRUCŢIE	PASAGER
ECHIPAJ	PILOT
COBORÂRE	ELICE
MODEL	CER

63 - Ocean

```
A  C  C  L  O  Ţ  C  R  E  V  E  T  Ă  B
H  N  H  V  R  K  O  F  R  E  C  I  F  U
G  Z  G  L  T  E  R  M  E  D  U  Z  E  R
Y  N  G  H  C  G  A  Z  C  G  P  M  S  E
Y  S  S  H  I  A  L  J  H  J  U  Q  T  T
B  S  T  P  N  L  R  O  I  C  L  F  W  E
B  A  R  C  Ă  X  Ă  N  X  R  A  M  V
G  R  I  L  N  H  D  L  C  D  X  A  M  A
O  E  D  Y  S  A  E  F  H  A  G  C  B  L
C  P  I  W  B  L  L  P  E  Ş  T  E  Ţ  U
D  Z  E  P  T  G  F  T  O  N  N  I  X  R
M  A  R  E  E  E  I  L  M  B  G  O  Ţ  I
B  A  L  E  N  Ă  N  F  U  R  T  U  N  Ă
Q  N  A  K  Ţ  J  F  E  C  X  E  R  P  V
```

ALGE	RECIF
BARCĂ	SARE
CORAL	RECHIN
CRAB	CREVETĂ
DELFIN	BURETE
ANGHILĂ	FURTUNĂ
PEŞTE	MAREE
MEDUZE	TON
CARACATIȚĂ	VALURI
STRIDIE	BALENĂ

64 - Birds

```
N F Y X P Ă U N X A V C L Y
V L Q R B U R C U C U K S C
Ţ A V R A B I E B V L Y Ţ U
K M T A R J C D Z S T R U Ţ
P I O Ţ Z P A G X U U Q A F
C N U Ă Ă A L Â Z R R H Y S
I G C Y K P E S C Ă R U Ş B
O O A X T A B C T O X R A I
A U N N D G Ă Ă C Â Y H H F
R R P Z N A D P H O R T C Z
Ă W G F E L Ă I M C V C A G
Q E B H W P I N G U I N N P
C Z I Z N G I P E L I C A N
M K C W S I E J I C B G R O
```

CANAR	STÂRC
PUI	STRUŢ
CIOARĂ	PAPAGAL
CUC	PĂUN
RAŢĂ	PELICAN
VULTUR	PINGUIN
OU	VRABIE
FLAMINGO	BARZĂ
GÂSCĂ	LEBĂDĂ
PESCĂRUŞ	TOUCAN

65 - Art

```
C R E A H C C T P S S S P H
S R R E U O H F X I I U O B
U C E R A M I C Ă N M P R Y
B P W C P P P O T C P R T N
I I Z X P O E Z I E L A R F
E G G G V Z O S N R U R E Ţ
C C C N E I Y B S M Y E T P
T V O J B Ţ Ţ V P S A A R E
U V I M K I H R I T U L T R
D K G Z P E X P R E S I E S
J I A A U L Ţ P A E E S K O
O S C V R A E C T D A M U N
S I M B O L L X D Q E Z P A
Q E U G S C U L P T U R Ă L
```

CERAMICĂ   POEZIE
COMPLEX   PORTRET
COMPOZIŢIE   SCULPTURĂ
CREA   SIMPLU
EXPRESIE   SUBIECT
SINCER   SUPRAREALISM
INSPIRAT   SIMBOL
PERSONAL   VIZUAL

66 - Nutrition

```
N C P R O T E I N E C I Q K
U O G R E U T A T E A G X Ţ
T M W Y C S W J U F L L P D
R E V O D O B I C E I U R I
I S A R O M Ă S A R T C C G
E T U T X P B T I M A I A E
N I S Ă N Ă T O S E T D L S
T B T O X I N Ă O N E E O T
D I E T Ă V R Z S T H G R I
G L A P E T I T G A D U I E
X P W C O G J E Ţ Ţ M U I B
S Ă N Ă T A T E X I J A Ţ Z
V I T A M I N Ă W E N S R U
E C H I L I B R A T W S Ţ N
```

APETIT
ECHILIBRAT
AMAR
CALORII
GLUCIDE
DIETĂ
DIGESTIE
COMESTIBIL
FERMENTAŢIE
AROMĂ

OBICEIURI
SĂNĂTATE
SĂNĂTOS
NUTRIENT
PROTEINE
CALITATE
SOS
TOXINĂ
VITAMINĂ
GREUTATE

67 - Hiking

```
G J S C H S O A R E A P J H
W R Q J A U A T E U P R S L
P G E M R M K G E T Ă E X H
B F D U T M P H X L A G C O
L Ţ O N Ă I P I C D N Ă Q R
P Y V T D T I D N W I T T I
Z A K E P Z E U A G M I O E
S C I Z Z B T R T Q A R B N
T O I X H K R I U N L E O T
Â V Q Z Ţ C E H R E E A S A
N C L I M A T K Ă N F U I R
C C X S P E R I C O L E T E
Ă E P A R C U R I X T K K I
G S Ă L B A T I C X Ţ R Q N
```

ANIMALE	NATURĂ
CIZME	ORIENTARE
CAMPING	PARCURI
STÂNCĂ	PREGĂTIREA
CLIMAT	PIETRE
GHIDURI	SUMMIT
PERICOLE	SOARE
GREU	OBOSIT
HARTĂ	APĂ
MUNTE	SĂLBATIC

68 - Professions #1

```
B S H A M B A S A D O R N I
D C B G A G P G P R Q E C N
C R O I T O R O E J M O A S
T R Y S J Z Y M M O M U R T
W G D L I U Y A G P L N T A
A V O C A T T R U A I O O L
V Â N Ă T O R I C S D E G A
M U Z I C I A N E T A P R T
L E D I T O R A G R N I A O
O Z O X I W Y R V O S A F R
V X C C S L Z Ţ U N A N L S
A N T R E N O R W O T I J Y
P G O G T O Z Ţ J M O S Q C
S V R K B A N C H E R T K A
```

AMBASADOR	POMPIER
ASTRONOM	GEOLOG
AVOCAT	VÂNĂTOR
BANCHER	BIJUTIER
CARTOGRAF	MUZICIAN
ANTRENOR	PIANIST
DANSATOR	INSTALATOR
DOCTOR	MARINAR
EDITOR	CROITOR

69 - Dinosaurs

```
V  I  C  I  O  S  E  V  O  L  U  Ţ  I  E
D  P  M  A  M  U  T  O  V  L  Q  F  W  N
F  R  P  U  T  E  R  N  I  C  O  A  D  Ă
X  E  R  B  I  V  O  R  E  P  T  I  L  Ă
D  I  S  P  A  R  I  Ţ  I  E  M  F  M  Q
X  S  J  G  R  A  F  M  Q  O  Ţ  A  S  W
O  T  K  C  I  P  O  P  Z  F  K  H  R  J
O  O  F  G  P  T  S  M  Ă  Z  F  W  Q  E
B  R  S  I  I  O  I  Ă  N  M  H  X  M  F
H  I  N  W  N  R  L  R  I  I  Â  G  N  K
N  C  B  G  S  A  E  I  P  O  V  N  E  A
E  N  O  R  M  T  J  M  I  E  A  O  T  K
P  R  A  D  Ă  E  T  E  J  R  L  D  R  D
S  P  E  C  I  E  C  A  R  N  I  V  O  R
```

CARNIVOR	PUTERNIC
DISPARIŢIE	PREISTORIC
PĂMÂNT	PRADĂ
ENORM	RAPTOR
EVOLUŢIE	REPTILĂ
FOSILE	MĂRIMEA
ERBIVOR	SPECIE
MARE	COADĂ
MAMUT	VICIOS
OMNIVOR	ARIPI

70 - Barbecues

```
S A R E H Z Ț Q C S H S J H
A F B F B V H Y I I Y S I G
L A Q C H P M L D K N R P G
A M C E O J F R U C T A C R
T I I R A P F O F U R C I Ă
E L K Q E U I S O S V Q P T
O I D F S I E I A Q J A D A
B E J O C U R I L R Q I R R
B G M A O A B D I L N A K Ă
T M Z M U V I O M U Z I C Ă
P R I E T E N I E C R H M Ț
C U Ț I T E T N N V C R N X
N T A M A G E Q T J V H J R
O P B V C V N L E G U M E X
```

PUI	FIERBINTE
COPII	FOAME
CINA	CUȚITE
FAMILIE	MUZICĂ
ALIMENTE	SALATE
FURCI	SARE
PRIETENI	SOS
FRUCT	VARĂ
JOCURI	ROSII
GRĂTAR	LEGUME

71 - Surfing

```
V C W X A P A L E T Ă T M E
R V S F S L O H C B U Ă U X
E Z D S T A E P T Y V R L T
M I S Q O J Q Î U N O I Ț R
E O V A L Ă Ț N O L V E I E
Z Z C R E H Y C A O A P M M
C V M E I G D E U S V R I O
S I E C A V R P S P U M Ă Z
V T E I H N S Ă E S P R A Y
J E O F A V T T C Ț K Y T K
B Z G M Q E I O Q L S S L Q
C Ă L C A X L R C J T H E X
R Z E D J C A M P I O N T J
D I S T R A C Ț I E U L P W
```

ATLET
PLAJĂ
ÎNCEPĂTOR
CAMPION
MULȚIMI
EXTREM
SPUMĂ
DISTRACȚIE
OCEAN
PALETĂ

POPULAR
RECIF
VITEZĂ
SPRAY
STOMAC
TĂRIE
STIL
VAL
VREME

72 - Chocolate

```
I  T  F  H  C  D  O  G  A  V  G  A  D  A
N  N  A  Z  A  H  Ă  R  U  E  B  R  E  C
G  U  V  W  L  L  L  Y  Y  S  V  A  L  L
R  C  O  P  I  D  Y  O  Z  N  T  H  I  I
E  Ă  R  B  T  U  E  D  M  T  P  I  C  Ţ
D  D  I  C  A  L  O  R  I  I  I  D  I  R
I  E  T  W  T  C  A  D  I  X  N  E  O  O
E  C  H  T  E  E  X  O  T  I  C  H  S  Ţ
N  O  A  N  T  I  O  X  I  D  A  N  T  H
T  C  M  C  O  J  Q  J  Y  A  R  O  M  Ă
M  O  A  N  A  K  Y  N  G  S  A  G  K  Y
Z  S  R  I  P  O  F  T  A  Q  M  K  X  Q
B  O  M  B  O  A  N  E  O  B  E  O  R  F
R  N  R  E  Ţ  E  T  Ă  Z  A  L  S  K  U
```

ANTIOXIDANT	FAVORIT
AMAR	AROMĂ
CACAO	INGREDIENT
CALORII	ARAHIDE
BOMBOANE	CALITATE
CARAMEL	REŢETĂ
NUCĂ DE COCOS	ZAHĂR
POFTA	DULCE
DELICIOS	GUST
EXOTIC	

73 - Vegetables

```
T U G C M O R C O V D F E S
D S A L A T Ă S B M K Q H P
A T Y B Z T X S R C J C I A
R U J H Ă F F L N G E R E N
Y R O B R O C C O L I A O A
D O V L E A C R Ț P R G P C
H I F V Â N Ă T Ă E N A P Ă
P Ă T R U N J E L V L R Y X
Ș A L O T Ă G H I M B I R M
C A S T R A V E T E S D N F
S N B H O U C O N O P I D Ă
D N C M Ș F Q K J H Ț C N Ț
J Z W C I U P E R C Ă H D P
P Y R I E O Y Ț P L N E P W
```

BROCCOLI	PĂTRUNJEL
MORCOV	MAZĂRE
CONOPIDĂ	DOVLEAC
ȚELINĂ	RIDICHE
CASTRAVETE	SALATĂ
VÂNĂTĂ	ȘALOTĂ
USTUROI	SPANAC
GHIMBIR	ROȘIE
CIUPERCĂ	NAP
CEAPĂ	

74 - Boats

```
M O O Q V X Q E K B C B F E
O A F W E N P L W Z M U I S
T M R C A N O E C H I P A J
O A Â E L O K V A L U R I P
R R N A U T I C R A Y M Â L
O I G E B A C P O C E A N U
Z N H G E A M A N D U R Ă T
M A I D O C K Q I I R E E Ă
M R E C A T A R G A D E Z V
R I D Z N I B I A H C I Q X
D V V V C D D J E T C H T C
Y R Q Q O C Y T A I P J Ţ P
B H S K R X R F B U H O C H
K X F P Ă B G P C L N V F T
```

ANCORĂ
GEAMANDURĂ
CANOE
ECHIPAJ
DOCK
MOTOR
BAC
CAIAC
LAC
CATARG

NAUTIC
OCEAN
PLUTĂ
RÂU
FRÂNGHIE
MARINAR
MARE
MAREE
VALURI
IAHT

75 - Activities and Leisure

```
C  F  F  S  C  U  F  U  N  D  Ă  R  I  A
U  B  B  T  G  A  B  E  M  T  W  M  R  R
M  K  G  F  C  G  M  E  M  H  E  S  X  T
P  F  B  O  K  T  V  P  P  D  O  N  I  Ă
Ă  Î  A  T  L  A  A  E  I  T  V  Z  I  J
R  N  S  B  Q  F  A  S  C  N  Ţ  N  B  S
Ă  O  C  A  L  I  H  C  T  E  G  W  A  U
T  T  H  L  V  J  X  U  U  A  F  U  S  R
U  U  E  C  J  H  V  I  R  A  U  H  E  F
R  L  T  D  E  S  M  T  A  B  V  I  B  I
I  H  R  E  L  A  X  A  N  T  S  Y  A  N
G  R  Ă  D  I  N  Ă  R  I  T  Q  B  L  G
C  U  R  S  E  V  O  L  E  I  C  O  L  S
C  Ă  L  Ă  T  O  R  I  E  K  B  X  B  F
```

ARTĂ	CURSE
BASEBALL	RELAXANT
BASCHET	CUMPĂRĂTURI
BOX	FOTBAL
CAMPING	SURFING
SCUFUNDĂRI	ÎNOT
PESCUIT	TENIS
GRĂDINĂRIT	CĂLĂTORIE
GOLF	VOLEI
PICTURA	

76 - Driving

```
T  O  L  C  O  M  B  U  S  T  I  B  I  L
R  Ț  I  A  B  R  Q  E  M  O  T  O  R  Q
A  Ț  C  M  A  S  V  Ș  O  F  E  R  F  Z
F  W  E  I  S  I  V  I  T  E  Z  Ă  J  E
I  N  N  O  G  G  A  Z  O  Q  M  Y  Q  O
C  I  Ț  N  U  U  T  J  C  G  A  R  A  J
C  H  Ă  L  D  R  U  M  I  T  Ș  Ț  A  T
P  P  A  F  X  A  V  J  C  U  I  M  C  N
I  E  O  R  G  N  Y  B  L  N  N  W  C  H
E  J  R  L  T  Ț  N  F  E  E  Ă  D  I  C
T  Y  Ț  I  I  Ă  R  R  T  L  O  Y  D  K
O  R  V  D  C  T  G  Â  Ă  W  Z  E  E  P
N  U  I  N  W  O  I  N  Q  S  Q  O  N  D
P  M  Ț  S  Z  W  L  E  C  R  M  F  T  G
```

ACCIDENT   MOTOR
FRÂNE   MOTOCICLETĂ
MAȘINĂ   PIETON
PERICOL   POLITIE
ȘOFER   DRUM
COMBUSTIBIL   SIGURANȚĂ
GARAJ   VITEZĂ
GAZ   TRAFIC
LICENȚĂ   CAMION
HARTĂ   TUNEL

77 - Professions #2

```
B  G  B  I  B  L  I  O  T  E  C  A  R  P
N  I  R  A  S  T  R  O  N  A  U  T  Q  R
Y  N  O  Ă  F  Q  P  I  L  O  T  D  O  O
U  V  F  L  D  C  H  I  R  U  R  G  L  F
I  E  V  U  O  I  T  C  C  M  J  K  I  E
K  N  S  H  N  G  N  L  J  T  D  U  N  S
I  T  B  P  B  G  X  A  U  B  O  B  G  O
N  A  D  F  O  T  O  G  R  A  F  R  V  R
G  T  E  G  J  S  V  Q  N  M  E  D  I  C
I  O  N  O  W  A  Ț  Y  A  Z  R  P  S  N
N  R  T  L  J  Y  T  I  L  V  M  Q  T  F
E  F  I  L  O  Z  O  F  I  M  I  G  Q  F
R  S  S  U  A  F  Y  E  S  F  E  C  D  H
D  E  T  E  C  T  I  V  T  K  R  O  K  P
```

ASTRONAUT	BIBLIOTECAR
BIOLOG	LINGVIST
DENTIST	PICTOR
DETECTIV	FILOZOF
INGINER	FOTOGRAF
FERMIER	MEDIC
GRĂDINAR	PILOT
INVENTATOR	CHIRURG
JURNALIST	PROFESOR

78 - Emotions

```
C  S  E  N  S  I  B  I  L  I  T  A  T  E
S  A  T  I  S  F  Ă  C  U  T  K  Ţ  S  C
S  Ţ  L  C  S  U  R  P  R  I  Z  Ă  I  F
A  U  S  M  N  X  N  J  F  T  D  W  M  H
P  O  E  T  R  I  S  T  E  Ţ  E  I  P  T
P  M  T  Z  E  P  B  I  R  N  P  I  A  N
Q  E  G  O  L  E  X  C  I  T  A  T  T  B
C  O  N  Ţ  I  N  U  T  C  Q  C  T  I  U
X  Y  D  V  E  L  J  J  I  X  E  N  E  N
X  Y  J  M  F  Y  Ţ  W  R  F  R  I  C  Ă
B  U  C  U  R  I  E  G  E  C  U  F  H  T
R  E  C  U  N  O  S  C  Ă  T  O  R  O  A
P  L  I  C  T  I  S  E  A  L  Ă  Y  I  T
D  R  A  G  O  S  T  E  U  I  X  C  K  E
```

FURIE	BUNĂTATE
FERICIRE	DRAGOSTE
PLICTISEALĂ	PACE
CALM	RELIEF
CONŢINUT	TRISTEŢE
JENAT	SATISFĂCUT
EXCITAT	SURPRIZĂ
FRICĂ	SIMPATIE
RECUNOSCĂTOR	SENSIBILITATE
BUCURIE	

79 - Mythology

```
L  C  R  E  D  I  N  Ț  E  G  D  B  R  I
E  A  N  Ţ  S  D  Q  C  E  E  E  I  Ă  L
G  K  B  E  E  D  Ţ  B  F  L  Z  U  Z  V
E  R  V  I  M  I  J  R  U  O  A  W  B  D
N  I  J  E  R  U  N  A  L  Z  S  Ţ  U  M
D  D  D  J  O  I  R  C  G  I  T  I  N  U
Ă  H  H  G  W  V  N  I  E  E  R  J  A  R
M  O  N  S  T  R  U  T  R  E  U  X  R  I
C  O  M  P  O  R  T  A  M  E  N  T  E  T
A  R  H  E  T  I  P  L  Z  T  M  C  W  O
F  R  Ţ  C  U  L  T  U  R  Ă  Ţ  E  M  R
E  R  O  U  N  Q  F  Ă  P  T  U  R  Ă  M
I  R  C  R  E  A  R  E  R  K  Z  X  V  M
V  U  B  Ţ  T  Y  Z  E  I  T  Ă  Ț  I  J
```

ARHETIP	NEMURIRE
COMPORTAMENT	GELOZIE
CREDINȚE	LABIRINT
CREARE	LEGENDĂ
FĂPTURĂ	FULGER
CULTURĂ	MONSTRU
ZEITĂȚI	MURITOR
DEZASTRU	RĂZBUNARE
CER	TUNET
EROU	

80 - Hair Types

```
V  S  G  T  B  U  Î  M  P  L  E  T  I  T
D  N  C  C  L  S  M  H  U  U  W  D  E  S
A  L  B  U  R  F  T  J  J  C  Ţ  S  N  Ă
B  Ţ  S  H  R  E  V  K  B  I  J  O  Î  N
L  U  N  G  N  T  T  J  H  O  Z  E  M  Ă
B  U  C  L  E  G  H  Ţ  P  S  X  W  P  T
Z  M  N  B  G  R  O  S  V  J  M  Y  L  O
C  B  B  D  R  I  X  G  N  A  Ţ  Z  E  S
M  L  V  B  U  N  C  O  L  O  R  A  T  E
M  O  A  L  E  U  W  H  W  B  M  L  I  M
A  N  M  U  S  C  A  T  E  R  H  Y  T  H
R  D  O  N  D  U  L  A  T  L  O  V  U  M
O  W  W  S  U  B  Ţ  I  R  E  Z  Q  R  J
G  Y  W  T  Y  V  D  Z  G  T  B  T  I  I
```

CHEL   GRI
NEGRU   SĂNĂTOS
BLOND   LUNG
ÎMPLETIT   LUCIOS
ÎMPLETITURI   SCURT
MARO   MOALE
COLORATE   GROS
BUCLE   SUBŢIRE
CRET   ONDULAT
USCAT   ALB

81 - Furniture

```
Q  G  P  E  R  D  E  L  E  S  U  B  U  W
W  H  Z  C  O  U  L  V  D  H  C  H  M  C
Ț  C  F  O  T  L  O  F  R  E  R  A  H  J
S  A  L  T  E  A  G  H  A  E  I  G  U  O
Y  N  B  U  N  P  L  C  O  V  O  R  A  N
P  A  A  Ț  N  E  I  I  P  Y  J  T  P  H
S  P  N  N  M  R  N  F  O  T  O  L  I  U
E  E  C  P  T  N  D  U  B  I  R  O  U  B
G  A  Ă  A  E  Ă  Ă  T  Ț  F  A  U  C  V
R  A  F  T  U  R  I  O  L  U  A  Z  Y  D
P  O  B  R  D  M  N  N  H  A  M  A  C  X
W  R  U  H  Y  Ț  T  E  I  W  M  C  D  X
B  I  B  L  I  O  T  E  C  Ă  A  P  A  F
E  W  Z  N  O  M  F  Ț  I  O  W  T  Ă  Y
```

FOTOLIU   DULAP
PAT   FUTON
BANCĂ   HAMAC
BIBLIOTECĂ   LAMPĂ
SCAUN   SALTEA
CANAPEA   OGLINDĂ
PERDELE   PERNĂ
PERNE   COVOR
BIROU   RAFTURI

82 - Garden

```
Ţ  D  X  K  W  Ţ  K  I  C  U  Ţ  R  T  V
W  V  S  O  R  O  H  A  M  A  C  K  J  E
K  R  Ţ  A  P  U  X  R  T  F  C  L  O  R
C  W  Y  T  R  A  M  B  U  L  I  N  Ă  A
Y  I  G  Ţ  L  G  Q  Ă  F  O  P  F  Z  N
S  G  A  R  D  I  J  L  I  A  N  A  Ţ  D
C  N  R  T  F  T  V  L  Ş  R  G  Y  J  Ă
A  O  A  D  E  U  L  A  X  E  R  S  O  L
B  O  J  I  G  R  R  Ţ  D  D  Ă  B  Ţ  Y
U  C  O  P  A  C  A  T  P  Ă  D  A  I  I
A  L  E  U  Z  P  E  S  U  Y  I  N  A  U
Ţ  P  F  L  O  P  A  T  Ă  N  N  C  Z  P
J  Z  Z  J  N  G  R  E  B  L  Ă  Ă  Q  E
D  Y  M  F  P  O  B  U  R  U  I  E  N  I
```

BANCĂ	LIVADĂ
TUFIȘ	IAZ
GARD	VERANDĂ
FLOARE	GREBLĂ
GARAJ	LOPATĂ
GRĂDINĂ	SOL
IARBĂ	TERASĂ
HAMAC	TRAMBULINĂ
FURTUN	COPAC
GAZON	BURUIENI

83 - Birthday

```
C  E  L  E  B  R  A  R  E  U  Y  M  L  D
C  A  R  D  U  R  I  Â  V  E  P  I  U  I
H  N  D  T  A  M  I  N  T  I  R  I  M  S
F  N  P  O  M  M  T  I  S  Ț  I  C  Â  T
I  M  Y  R  U  Z  I  I  B  C  E  Â  N  R
Q  N  W  T  G  D  V  A  M  D  T  N  Ă  A
J  F  V  T  I  N  E  R  I  P  E  T  R  C
Ț  E  E  I  C  Q  N  Y  T  F  N  E  I  Ț
N  R  S  F  T  T  Q  E  E  M  I  C  K  I
Ă  I  E  O  K  A  S  P  E  C  I  A  L  E
S  C  L  Y  W  Z  Ț  H  V  I  G  R  T  N
C  I  I  U  S  X  Y  I  V  X  O  K  L  G
U  T  Q  R  I  U  H  X  I  N  L  D  H  C
T  Î  N  Ț  E  L  E  P  C  I  U  N  E  U
```

NĂSCUT	INVITAȚII
TORT	VESEL
LUMÂNĂRI	AMINTIRI
CARDURI	CÂNTEC
CELEBRARE	SPECIAL
ZI	TIMP
PRIETENI	ÎNȚELEPCIUNE
DISTRACȚIE	AN
CADOU	TINERI
FERICIT	

84 - Adjectives #1

```
I  G  Î  N  T  U  N  E  R  I  C  A  S  O
M  E  R  W  V  K  I  Ţ  M  D  C  B  I  L
P  N  T  E  C  F  V  P  G  E  Y  S  N  Î
O  E  C  Q  U  Q  A  P  O  N  C  O  C  N
R  R  I  A  P  U  L  W  U  T  I  L  E  C
T  O  F  R  U  M  O  S  G  I  L  U  R  E
A  S  Ţ  O  E  C  R  F  E  C  A  T  M  T
N  T  H  M  Y  M  O  D  E  R  N  R  L  H
T  S  T  A  X  F  S  Z  Ţ  R  I  I  P  A
A  C  A  T  R  A  C  T  I  V  I  O  N  E
F  E  X  O  T  I  C  H  M  M  D  C  S  Z
S  U  B  Ţ  I  R  E  Z  K  X  P  R  I  Y
O  A  R  T  I  S  T  I  C  T  H  L  D  T
A  M  B  I  Ţ  I  O  S  J  D  D  V  D  E
```

ABSOLUT	GREU
AMBIŢIOS	UTIL
AROMAT	SINCER
ARTISTIC	IDENTIC
ATRACTIV	IMPORTANT
FRUMOS	MODERN
ÎNTUNERIC	SERIOS
EXOTIC	ÎNCET
GENEROS	SUBŢIRE
FERICIT	VALOROS

85 - Rainforest

```
M G G N N N B C I W D K J Q
P U R K O D O L N W I U B N
N Ă Ș C R I T I D R V F D S
J N S C I M A M I F E R E H
L U X Ă H N N A G S R E R N
B Y N Ț R I I T E P S F E A
U V C G T I C T N E I U S T
R Q K K L L P E E C T G P U
H G F O U Ă N C K I A I E R
C O N S E R V A R E T U C Ă
R E S T A U R A R E E P T T
C O M U N I T A T E A Y L Y
S U P R A V I E Ț U I R E C
I N S E C T E V A L O R O S
```

PĂSĂRI   MUȘCHI
BOTANIC   NATURĂ
CLIMAT   CONSERVARE
NORI   REFUGIU
COMUNITATE   RESPECT
DIVERSITATE   RESTAURARE
INDIGENE   SPECIE
INSECTE   SUPRAVIEȚUIRE
JUNGLĂ   VALOROS
MAMIFERE

86 - Technology

```
S  E  M  S  C  U  R  S  O  R  F  D  Ţ  J
O  C  F  E  V  I  R  T  U  A  L  O  H  Ţ
F  R  A  C  S  P  D  A  T  E  E  P  N  I
T  A  M  U  I  A  M  T  Z  P  C  E  M  T
W  N  E  R  N  P  J  I  P  I  A  P  B  S
A  S  E  I  T  A  G  S  S  B  L  O  G  U
R  R  B  T  E  R  D  T  H  P  C  K  D  C
E  Q  R  A  R  A  F  I  Ţ  Z  U  P  G  V
E  F  O  T  N  T  I  C  G  E  L  D  L  F
J  Y  W  E  E  F  Ş  I  J  I  A  X  J  N
J  E  S  I  T  O  I  H  G  A  T  S  U  G
L  Ţ  E  B  Y  T  E  S  U  W  O  A  M  X
E  H  R  R  S  O  R  Q  Ţ  I  R  Q  L  O
C  E  R  C  E  T  A  R  E  V  I  R  U  S
```

BLOG	INTERNET
BROWSER	MESAJ
BYTES	CERCETARE
APARAT FOTO	ECRAN
CALCULATOR	SECURITATE
CURSOR	SOFTWARE
DATE	STATISTICI
DIGITAL	VIRTUAL
FIŞIER	VIRUS
FONT	

87 - Landscapes

```
K R E M A R E Y W X V M P G
H G F N O I Y N Ț V W L E I
S I H D V M S A J Ț M A Ș Z
I I D E A L I B N Ț H Ș T P
X H D Ș Ț L A C E J M T E Z
X W M E L A A V J R H I R Y
O C G R D G R U N E G N Ă B
R A B T M W H Z A C M Ă F R
D S H V U O O E C F D Ț P X
G C T U N D R Ă I N S U L Ă
V A E L T R Â U A Z R J A F
A D O C E A N F Q N E J J X
L Ă Ț A O A Z Ă U D T R Ă T
E P E N I N S U L Ă U H J S
```

PLAJĂ	OAZĂ
PEȘTERĂ	OCEAN
DEȘERT	PENINSULĂ
GHEIZER	RÂU
GHEȚAR	MARE
DEAL	MLAȘTINĂ
AISBERG	TUNDRĂ
INSULĂ	VALE
LAC	VULCAN
MUNTE	CASCADĂ

88 - Visual Arts

```
L  J  S  Ș  A  C  Ă  R  B  U  N  E  U  B
P  F  C  E  R  R  C  P  O  R  T  R  E  T
I  O  U  V  H  E  C  E  I  A  I  I  U  Z
X  T  L  A  I  A  R  R  C  Ţ  L  V  I
C  O  P  L  T  T  E  S  O  A  T  M  C  P
E  G  T  E  E  I  I  P  J  V  M  U  K  D
A  R  U  T  C  V  O  E  L  Q  J  I  R  P
R  A  R  G  T  I  N  C  K  T  C  A  C  A
Ă  F  Ă  N  U  T  B  T  Y  B  I  P  E  Ă
F  I  L  M  R  A  S  I  A  R  G  I  L  Ă
Q  E  A  Ţ  Ă  T  W  V  A  R  T  I  S  T
U  Ţ  C  C  R  E  T  Ă  W  Y  U  D  J  G
C  A  P  O  D  O  P  E  R  Ă  B  B  Q  S
C  O  M  P  O  Z  I  Ţ  I  E  N  Z  A  L
```

ARHITECTURĂ	CAPODOPERĂ
ARTIST	PICTURA
CERAMICĂ	PIX
CRETĂ	CREION
CĂRBUNE	PERSPECTIVĂ
ARGILĂ	FOTOGRAFIE
COMPOZIŢIE	PORTRET
CREATIVITATE	SCULPTURĂ
ȘEVALET	LAC
FILM	CEARĂ

89 - Plants

```
M T U F I Ș I E H K Y S F D
U D A W D P A A Y L Y T L W
Ș M Z Y I E D E R Ă G U O Z
C O P A C T F Z M B X L R G
H B A C Ă A E H Z Y Ă P Ă R
I J C U S L R Ă D Ă C I N Ă
F J B A B Ă F Q F M A N T D
P Ă D U R E W R C L Y Ă L I
Z O B P C A C T U S O I T N
B A M B U S B F Ț N P A S Ă
B O T A N I C Ă J V Z B R Z
Z F A S O L E L D Q A E S E
Î N G R Ă Ș Ă M Â N T I T E
V E G E T A Ț I E Q O H L N
```

BAMBUS	PĂDURE
FASOLE	GRĂDINĂ
BACĂ	IARBĂ
BOTANICĂ	IEDERĂ
TUFIȘ	MUȘCHI
CACTUS	PETALĂ
ÎNGRĂȘĂMÂNT	RĂDĂCINĂ
FLORĂ	TULPINĂ
FLOARE	COPAC
FRUNZE	VEGETAȚIE

90 - Countries #2

```
P B G C N E P A L D K K C D
A U C R A I N A H U J J Q A
K N I G E R I A Y Z U A Y N
I M R L Y C A I U U G M Y E
S J S R N E I H G P A A P M
T B P A L T J A P O N I A A
A U M T O I X I X U D C N R
N I L L K O P T I T A A L C
T P T J L P L I B E R I A A
Q L O H S I R I A S W J O O
M E X I C A B F S I T B S Y
I R W P S O M A L I A A T M
Z T N S U D A N N R U S I A
E K O A L B A N I A T V P R
```

ALBANIA	MEXIC
DANEMARCA	NEPAL
ETIOPIA	NIGERIA
GRECIA	PAKISTAN
HAITI	RUSIA
JAMAICA	SOMALIA
JAPONIA	SUDAN
LAOS	SIRIA
LIBAN	UGANDA
LIBERIA	UCRAINA

91 - Ecology

```
S  V  E  Q  R  A  S  C  L  I  M  A  T  D
F  E  V  C  O  M  U  N  I  T  Ă  Ț  I  I
F  G  C  A  E  A  P  G  D  H  M  V  F  V
A  E  R  E  S  U  R  S  E  B  L  A  I  E
U  T  A  X  T  M  A  R  I  N  A  R  R  R
N  A  T  U  R  Ă  V  B  V  A  Ș  I  E  S
Ă  Ț  V  H  A  B  I  T  A  T  T  E  S  I
C  I  H  T  M  Z  E  L  L  O  I  T  C  T
Q  E  C  M  P  R  Ț  G  S  I  N  A  R  A
C  E  E  S  L  I  U  F  L  P  Ă  T  L  T
O  D  U  R  A  B  I  L  Ă  O  E  N  E  E
Y  A  V  T  N  A  R  O  D  Y  B  C  S  H
T  A  L  K  T  H  E  R  I  F  F  A  I  R
C  L  T  I  E  X  W  Ă  G  U  L  Y  L  E
```

CLIMAT
COMUNITĂȚI
DIVERSITATE
SECETĂ
FAUNĂ
FLORĂ
GLOBAL
HABITAT
MARIN
MLAȘTINĂ

FIRESC
NATURĂ
PLANTE
RESURSE
SPECIE
SUPRAVIEȚUIRE
DURABILĂ
VARIETATE
VEGETAȚIE

92 - Adjectives #2

```
D  T  G  P  Ţ  S  D  Z  S  R  F  S  F  S
Q  M  R  U  K  Z  E  S  J  E  I  G  S  O
S  C  S  T  J  B  S  E  S  S  E  T  Q  M
F  I  R  E  S  C  C  L  B  P  R  A  Y  N
V  V  B  R  Ă  E  R  E  A  O  B  L  W  O
M  F  T  N  N  L  I  G  U  N  I  E  Q  R
Â  J  H  I  Ă  E  P  A  T  S  N  N  B  O
N  I  Ţ  C  T  B  T  N  E  A  T  T  O  S
D  H  W  Q  O  R  I  T  N  B  E  A  B  U
R  Z  Z  X  S  U  V  L  T  I  E  T  Q  S
U  S  Ă  R  A  T  Q  R  I  L  O  R  J  C
C  R  E  A  T  I  V  Z  C  Q  U  Y  Q  A
Y  F  O  A  M  E  K  N  G  C  W  O  N  T
W  V  Z  Ţ  I  N  T  E  R  E  S  A  N  T
```

AUTENTIC	FOAME
CREATIV	INTERESANT
DESCRIPTIV	FIRESC
USCAT	NOU
ELEGANT	MÂNDRU
CELEBRU	RESPONSABIL
TALENTAT	SĂRAT
SĂNĂTOS	SOMNOROS
FIERBINTE	PUTERNIC

93 - Math

```
T X U P P Z P J A F Z G E P
D I A M E T R U R R E E X E
P A R A L E L L I A C O P R
R A Z Ă Y B F K T C I M O I
S I M E T R I E M Ț M E N M
X L E C U A Ț I E I A T E E
P Ă T R A T B U T U L R N T
T R I U N G H I I N N I T R
N V O L U M A Ț C E Z E M U
W U E Q C P J R Ă L B C Z M
I G M U N G H I U R I U N M
X H Ț E P O L I G O N X L N
N N P A R A L E L O G R A M
S Z N D R E P T U N G H I N
```

UNGHIURI   PARALELOGRAM
ARITMETICĂ   PERIMETRU
ZECIMAL   POLIGON
DIAMETRU   RAZĂ
ECUAȚIE   DREPTUNGHI
EXPONENT   PĂTRAT
FRACȚIUNE   SIMETRIE
GEOMETRIE   TRIUNGHI
NUMERE   VOLUM
PARALEL

94 - Water

```
C F W A B U R C U R E N T P
Z U M E D E Â W N G C P H P
C Ă U N A D U Y F L A C G I
N A P J U R A G A N N O H W
I Î A A B M I R I G A R E O
Z N M F D M I H Z F L Q I C
V G U H U Ă C D Q Y B S Z E
C H O N Ș X A F I G R T E A
W E M G D A N L D T V D R N
Z Ț Q L P A T G H E A Ț Ă M
P L O A I E Ț B A W L T J U
R S I M U K Ț I S H U W E S
W Y Q N N N V Z I A R U Z O
E V A P O R A R E G I G F N
```

CANAL	UMIDITATE
UMEDE	MUSON
EVAPORARE	OCEAN
INUNDAȚII	PLOAIE
ÎNGHEȚ	RÂU
GHEIZER	DUȘ
URAGAN	ZĂPADĂ
GHEAȚĂ	ABUR
IRIGARE	CURENT
LAC	VALURI

95 - Activities

```
T C A M P I N G Z Ţ C D K F
P I M E Ş T E Ş U G U R I O
S N M P O V C P C R S U A T
B T R P Ţ Z P Ţ I Ă U M C O
M E Q L L N L K J D T E T G
A R P J N I J K O I U Ţ I R
G E E P Ţ C B L C N N I V A
I S S L D U B E U Ă Ţ I I F
E E C Ă A B D C R R Y C T I
K Y U C N X Q T I I J H A E
F K I E S A A U A T V Y T N
W F T R B L M R L R T Q E G
W W G E V N W Ă E Q T B A S
M M U H C E R A M I C Ă E I
```

ACTIVITATE   DRUMEŢII
ARTĂ   INTERESE
CAMPING   TIMP LIBER
CERAMICĂ   MAGIE
MEŞTEŞUGURI   FOTOGRAFIE
DANS   PLĂCERE
PESCUIT   LECTURĂ
JOCURI   RELAXARE
GRĂDINĂRIT   CUSUT

96 - Literature

```
W V O U R Q Z K U D B T D C
M K C Q Q O F I C Ț I U N E
E G H U W E M Ț S P O E M C
A N A L I Z Ă A Z A G U E O
S X P O O D U M N U R I T M
A T E M Ă M I P X T A R A P
N A R A T O R A P O F I F A
E L V Ț W X K P L R I M O R
C O N C L U Z I E O E Ă R A
D S T R A G E D I E G V Ă Ț
O T D E S C R I E R E K T I
T I L V P V A N A L O G I E
Ă L X D X W Q F Q M N U B E
P O E T I C J Ț L A B X E F
```

ANALOGIE	METAFORĂ
ANALIZĂ	NARATOR
ANECDOTĂ	ROMAN
AUTOR	POEM
BIOGRAFIE	POETIC
COMPARAȚIE	RIMĂ
CONCLUZIE	RITM
DESCRIERE	STIL
DIALOG	TEMĂ
FICȚIUNE	TRAGEDIE

97 - Geography

```
W  L  A  T  I  T  U  D  I  N  E  M  L  B
R  E  G  I  U  N  E  B  F  Q  B  E  M  R
X  T  A  N  O  R  D  R  D  Ţ  H  R  L  N
C  E  J  O  R  Y  Â  M  M  A  H  I  I  L
E  R  G  U  A  Ţ  B  U  D  X  M  D  A  C
M  I  V  T  Ș  C  M  N  Q  Q  G  I  E  P
I  T  G  E  T  O  K  T  M  D  K  A  K  L
S  O  N  B  S  N  F  E  B  U  Z  N  L  I
F  R  H  A  L  T  I  T  U  D  I  N  E  N
E  I  A  Y  U  I  J  A  T  L  A  S  C  S
R  U  R  O  M  N  M  G  X  Ţ  P  U  M  U
Ă  I  T  D  E  E  Y  Z  G  A  G  D  I  L
E  R  Ă  O  K  N  Q  Ţ  Ţ  R  I  D  S  Ă
O  C  E  A  N  T  M  N  Y  Ă  M  A  R  E
```

ALTITUDINE	MUNTE
ATLAS	NORD
ORAȘ	OCEAN
CONTINENT	REGIUNE
ȚARĂ	RÂU
EMISFERĂ	MARE
INSULĂ	SUD
LATITUDINE	TERITORIU
HARTĂ	VEST
MERIDIAN	LUME

98 - Pets

```
C  D  P  E  Ş  T  E  V  M  R  I  G  Ţ  Ş
C  O  A  D  Ă  V  V  Ţ  V  Z  I  U  H  O
G  I  P  I  S  O  I  E  M  M  K  L  A  A
H  T  A  R  Ş  O  P  Â  R  L  Ă  E  M  R
E  I  G  G  E  E  Z  N  R  E  A  R  S  E
A  A  A  P  Ă  I  Q  Ţ  A  S  P  B  T  C
R  L  L  X  L  Y  V  G  W  Ă  I  I  E  E
E  I  A  A  V  R  Ţ  A  Ţ  U  S  Q  R  Q
I  M  B  Y  B  Ţ  J  U  C  Â  I  N  E  E
V  E  T  E  R  I  N  A  R  Ă  C  Z  L  Z
P  N  P  C  A  P  R  Ă  Q  S  Ă  T  X  Z
M  T  P  U  Ţ  R  T  P  H  M  T  M  Ţ  Q
A  E  P  S  R  H  P  H  F  J  S  C  G  L
O  Ţ  C  Ă  Ţ  E  L  U  Ş  M  L  F  E  J
```

PISICĂ	LESĂ
GHEARE	ŞOPÂRLĂ
GULER	ŞOARECE
VACĂ	PAPAGAL
CÂINE	LABE
PEŞTE	CĂŢELUŞ
ALIMENTE	IEPURE
CAPRĂ	COADĂ
HAMSTER	VETERINAR
PISOI	APĂ

99 - Nature

```
Q T R Â U D A L B I N E L J
Y C I C L E E R O Z I U N E
F A U R N Ș R Z C X L M W O
R I E F R E I V I T A L E M
Y X C J G R Ț V M D I S I T
S D D C S T Q Y Y J E C Z R
N T Ț S D H D I N A M I C O
O A Â C E A Ț Ă P I J Q R P
R Y D N A N I M A L E F K I
I K Y X C Q I W Ș Ț A R D C
M S N T T I S N N T G U B A
S A N C T U A R I P Y N O L
G H E Ț A R O A C S W Z N P
P Ă D U R E J E Ă N E E Y L
```

ANIMALE	FRUNZE
ARCTIC	PĂDURE
ALBINE	GHEȚAR
STÂNCI	PAȘNICĂ
NORI	RÂU
DEȘERT	SANCTUAR
DINAMIC	SENIN
EROZIUNE	TROPICAL
CEAȚĂ	VITAL

100 - Vacation #2

```
C A M P I N G I T A X I F K
C V Ț Ț D Y E W I H O T E L
A Ă P C A S I S M N V G P K
E H L V C O R T P V S I Ț Ț
R A A Ă T R H I L A P U Z Q
O R J O T Y W D I C A R L Ă
P T Ă R A O K O B A Ș E R Ă
O Ă C Q G Q R N E N A Z U G
R S T R Ă I N I R Ț P E M Q
T J N S M A R N E Ă O R Q Ț
R E S T A U R A N T R V Ț A
E M C N R I C Q P L T Ă Y Z
N L A T E K X D U Q Q R Ț U
D E S T I N A Ț I E S I Ț U
```

AEROPORT	HARTĂ
PLAJĂ	PAȘAPORT
CAMPING	REZERVĂRI
DESTINAȚIE	RESTAURANT
STRĂIN	MARE
VACANȚĂ	TAXI
HOTEL	CORT
INSULĂ	TREN
CĂLĂTORIE	VIZĂ
TIMP LIBER	

1 - Food #1

2 - Castles

3 - Exploration

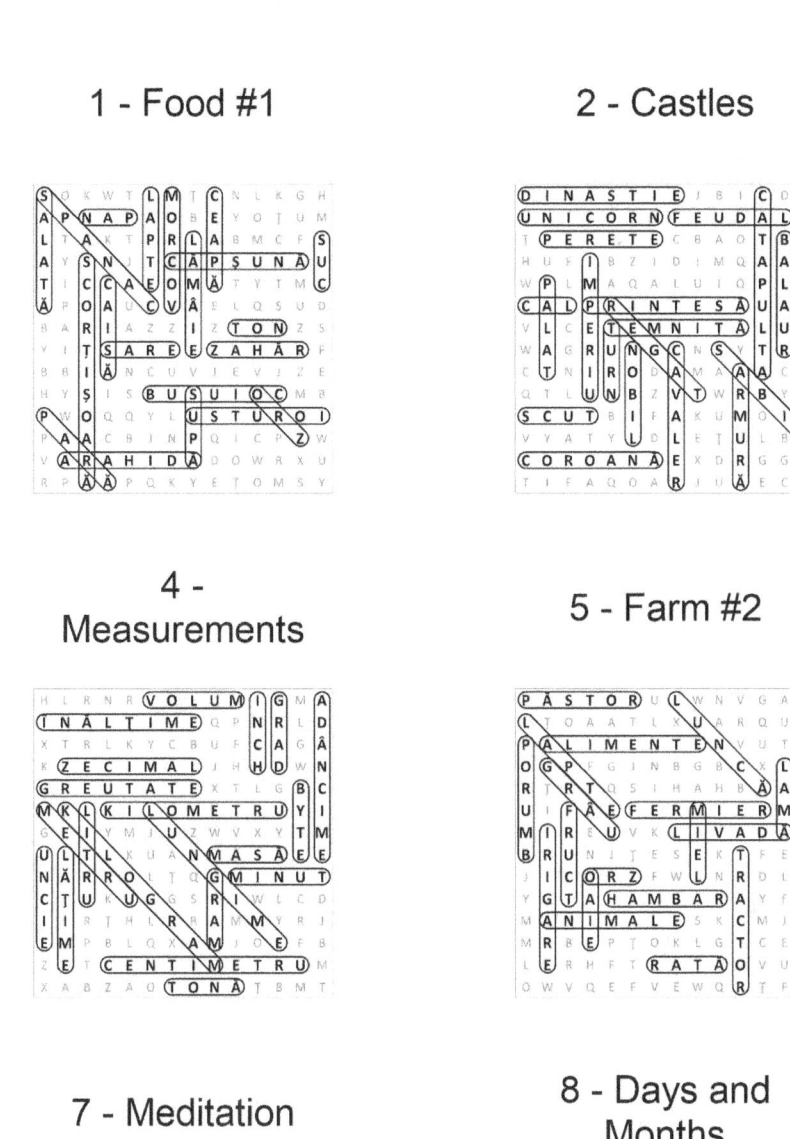

4 - Measurements

5 - Farm #2

6 - Books

7 - Meditation

8 - Days and Months

9 - Chess

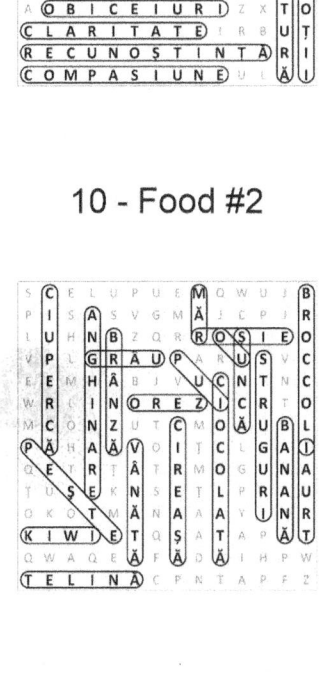

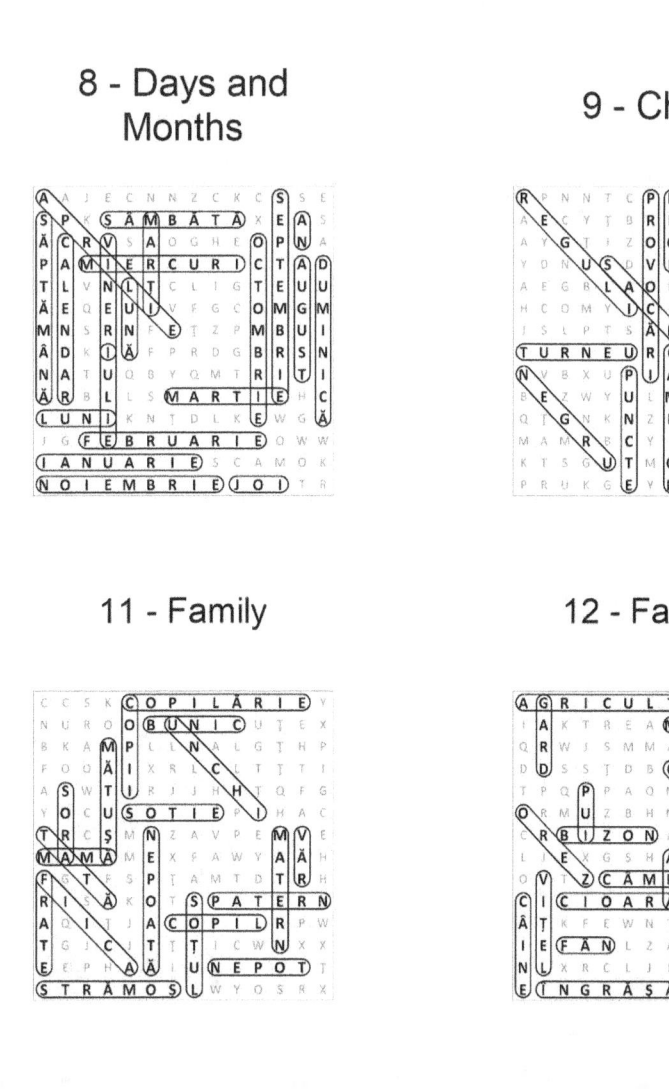

10 - Food #2

11 - Family

12 - Farm #1

13 - Camping

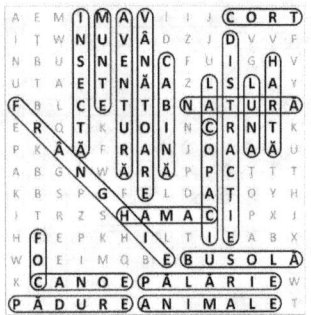

14 - Conservation

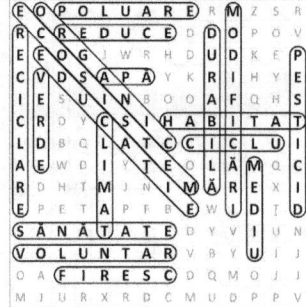

15 - Cats

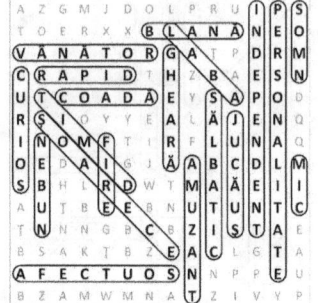

16 - Numbers

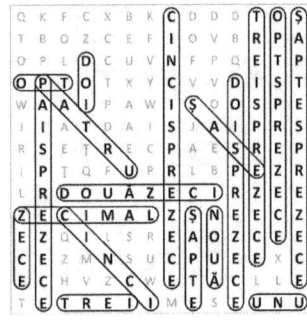

17 - Spices

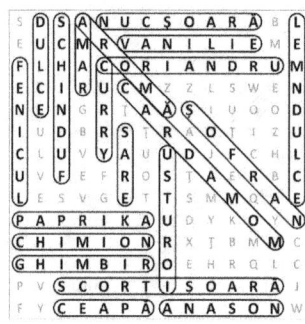

18 - Mammals

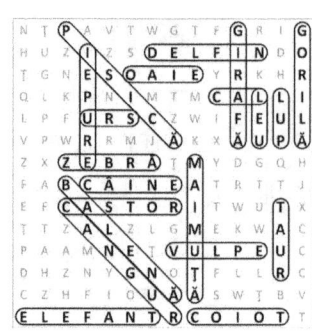

19 - Fishing

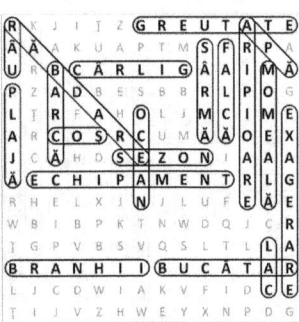

20 - Restaurant #1

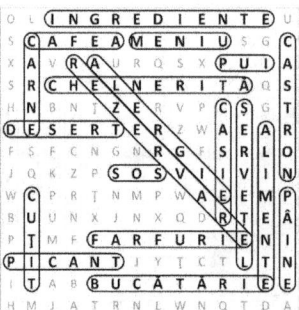

21 - Bees

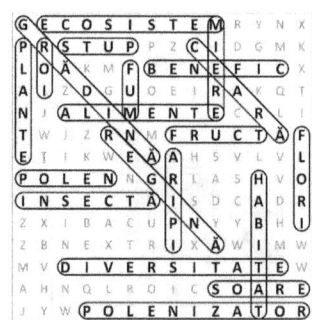

22 - Weather

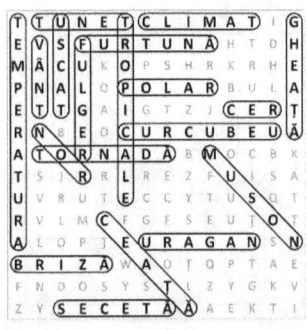

23 - Adventure

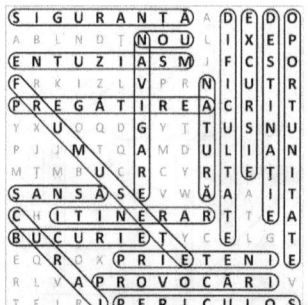

24 - Circus

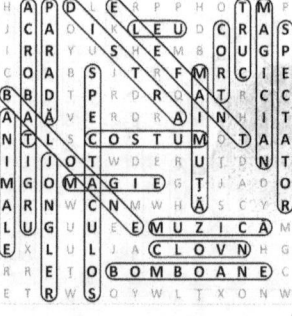

25 - Restaurant #2

26 - Geology

27 - House

28 - Comedy

29 - Bathroom

30 - School #1

31 - Dance

32 - Colors

33 - Climbing

34 - Shapes

35 - Scientific Disciplines

36 - School #2

37 - Science

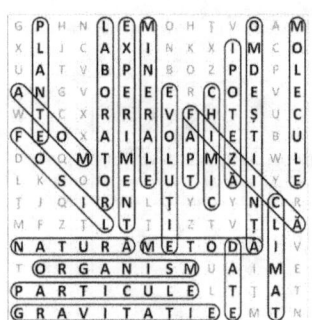

38 - To Fill

39 - Summer

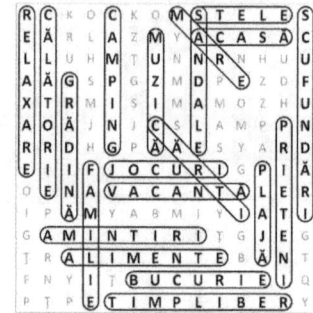

40 - Clothes

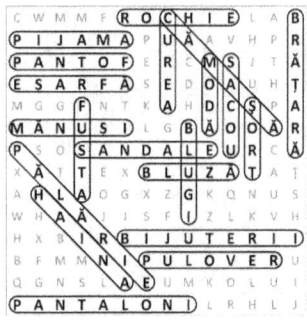

41 - Insects

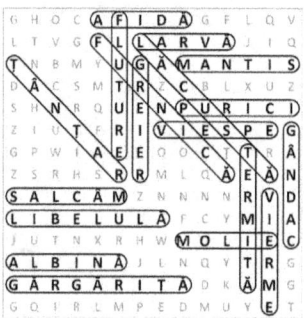

42 - Astronomy

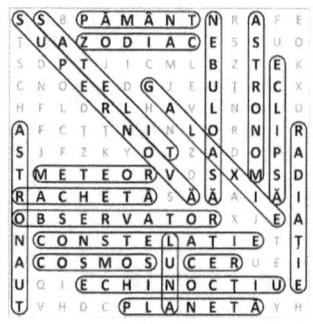

43 - Pirates

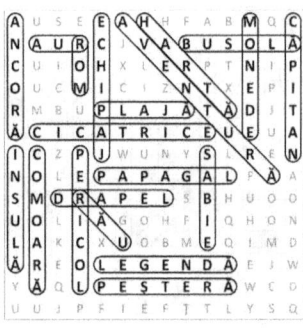

44 - Time

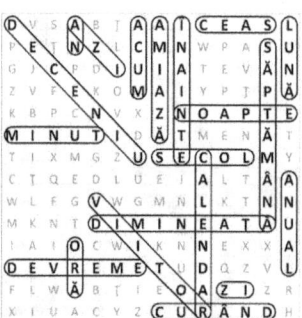

45 - Buildings

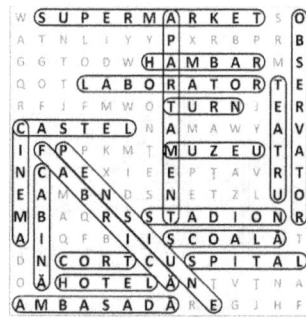

46 - Herbalism

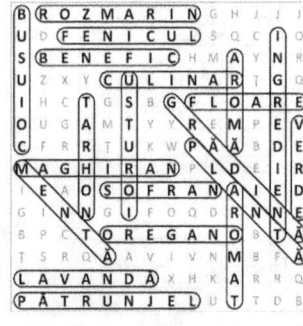

47 - Toys

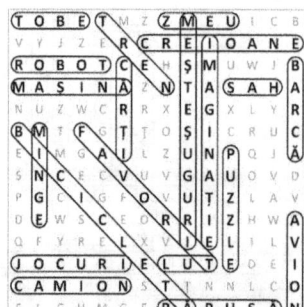

48 - Vehicles

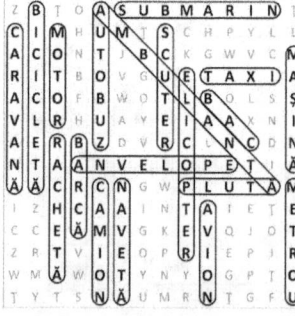

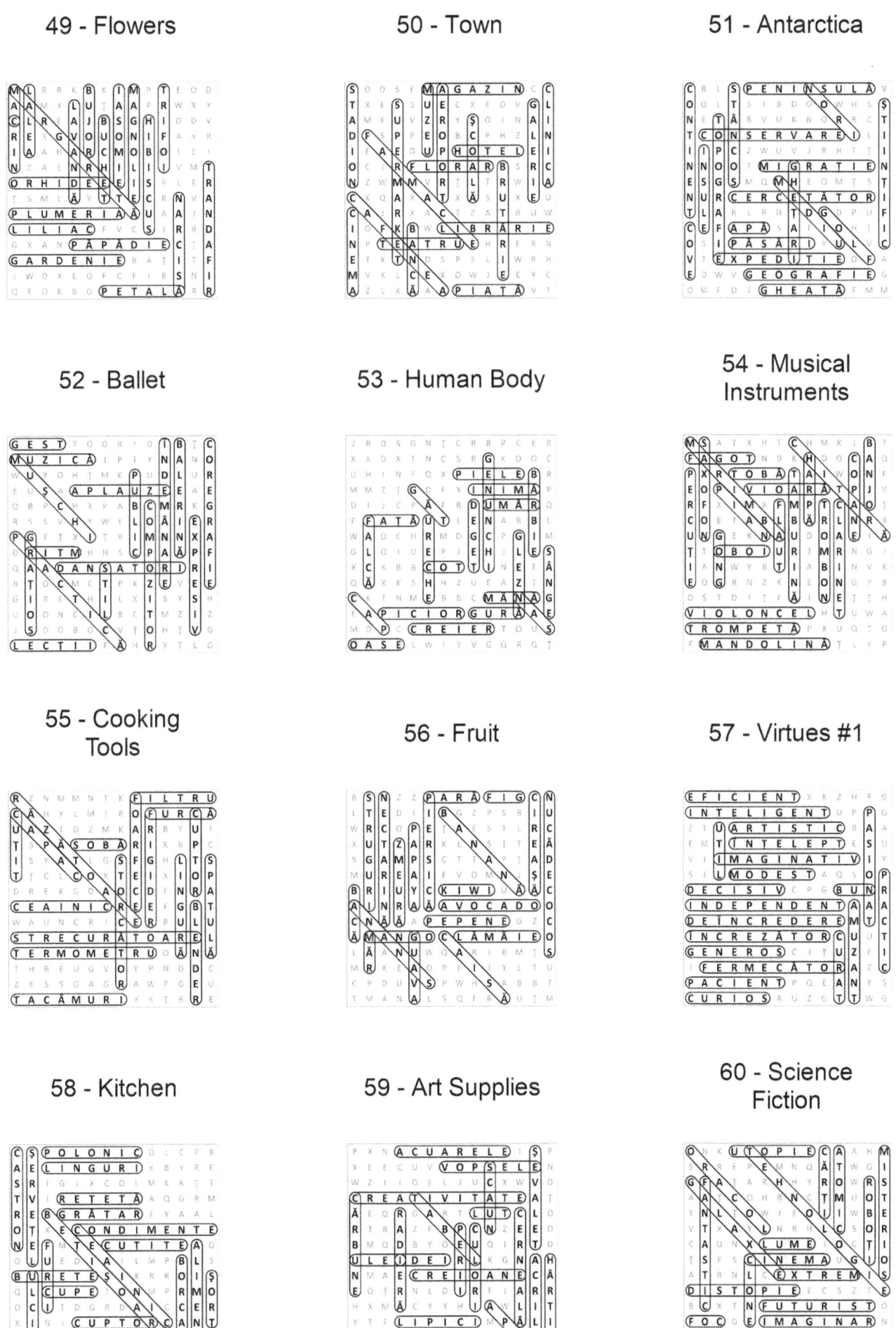

49 - Flowers

50 - Town

51 - Antarctica

52 - Ballet

53 - Human Body

54 - Musical Instruments

55 - Cooking Tools

56 - Fruit

57 - Virtues #1

58 - Kitchen

59 - Art Supplies

60 - Science Fiction

61 - Kindness

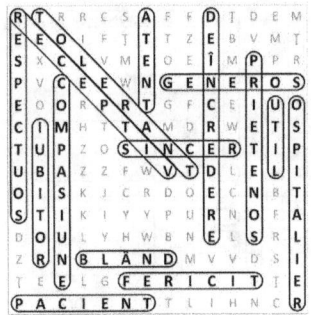

62 - Airplanes

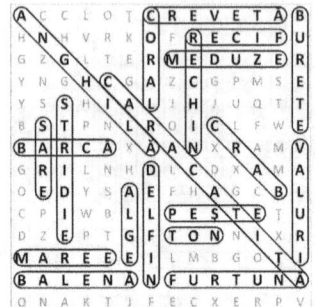

63 - Ocean

64 - Birds

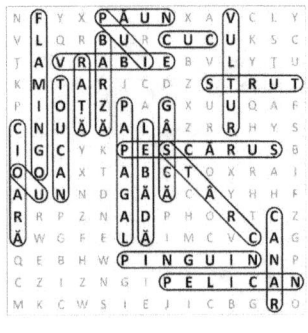

65 - Art

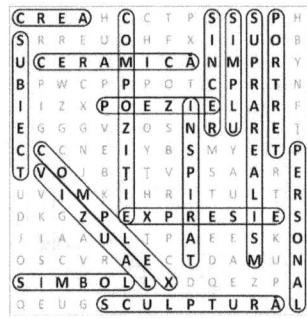

66 - Nutrition

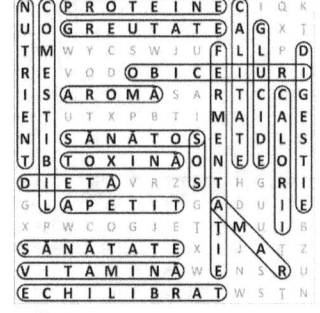

67 - Hiking

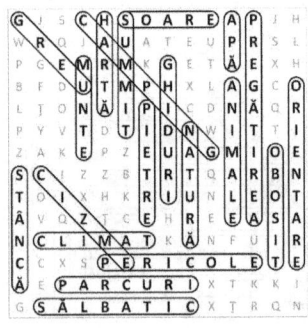

68 - Professions #1

69 - Dinosaurs

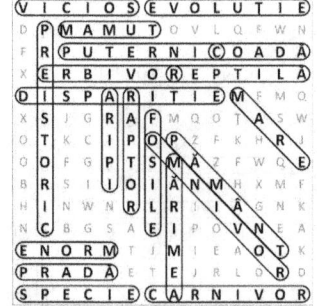

70 - Barbecues

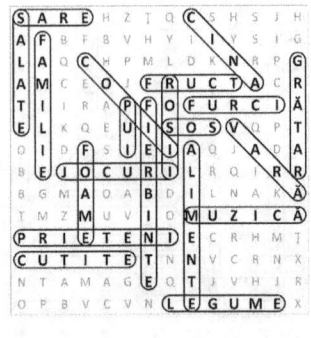

71 - Surfing

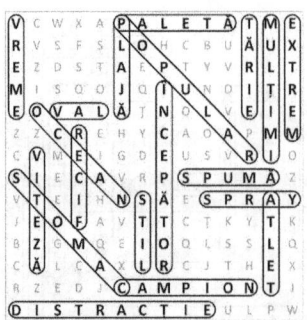

72 - Chocolate

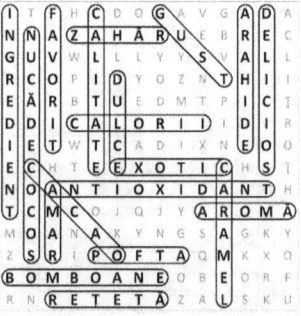

73 - Vegetables

74 - Boats

75 - Activities and Leisure

76 - Driving

77 - Professions #2

78 - Emotions

79 - Mythology

80 - Hair Types

81 - Furniture

82 - Garden

83 - Birthday

84 - Adjectives #1

85 - Rainforest

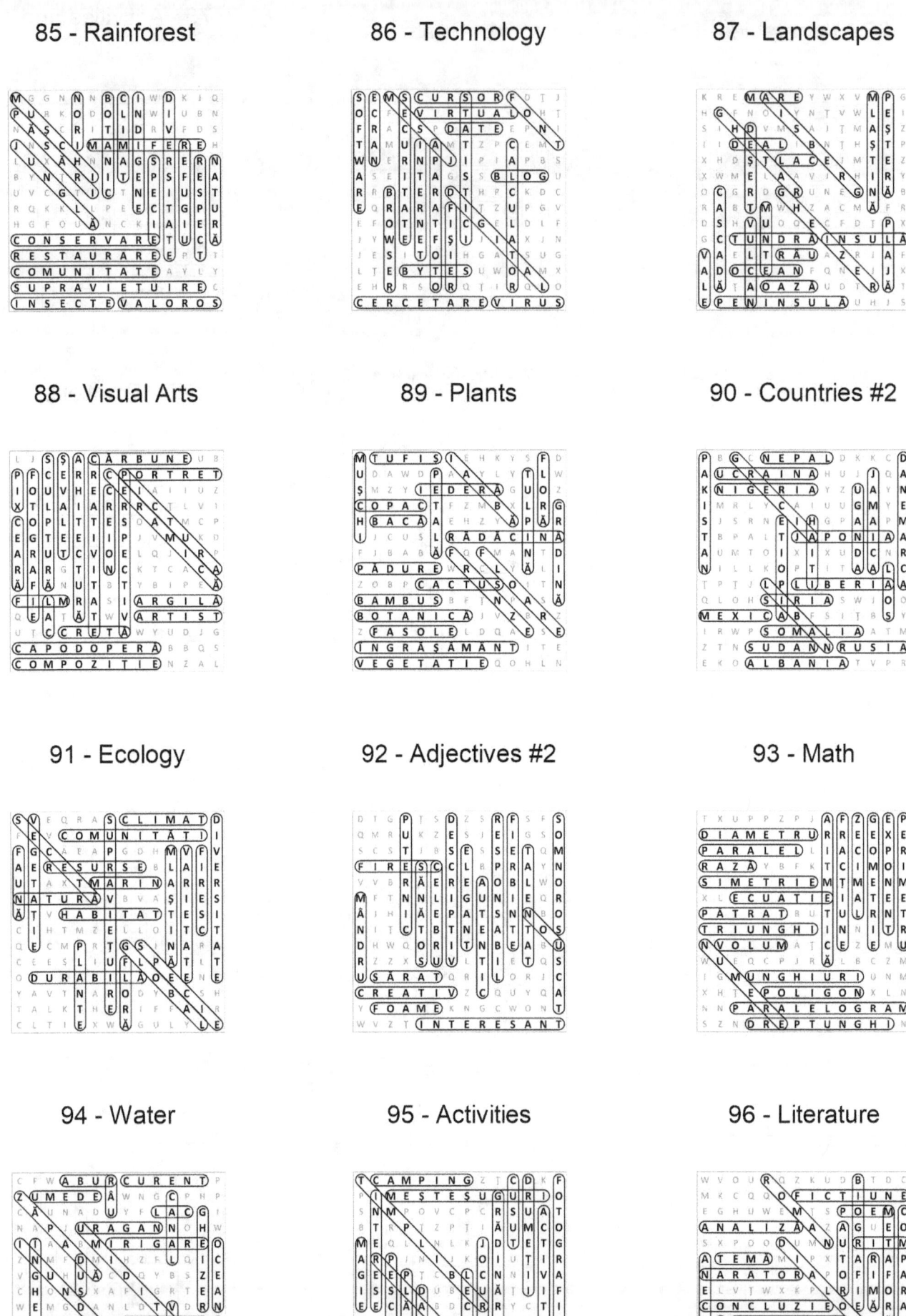

86 - Technology

87 - Landscapes

88 - Visual Arts

89 - Plants

90 - Countries #2

91 - Ecology

92 - Adjectives #2

93 - Math

94 - Water

95 - Activities

96 - Literature

97 - Geography

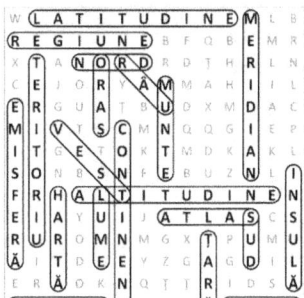

98 - Pets

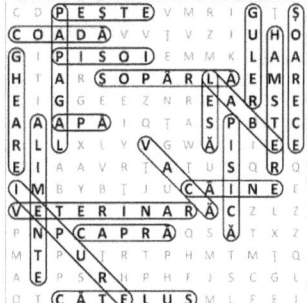

99 - Nature

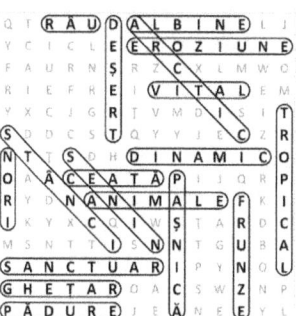

100 - Vacation #2

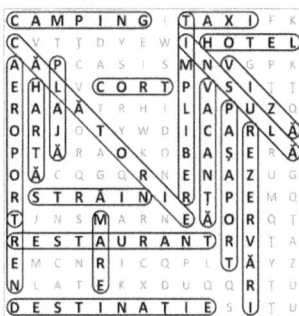

Dictionary

Activities
Activităţi

Activity	Activitate
Art	Artă
Camping	Camping
Ceramics	Ceramică
Crafts	Meşteşuguri
Dancing	Dans
Fishing	Pescuit
Games	Jocuri
Gardening	Grădinărit
Hiking	Drumeţii
Hunting	Vânătoare
Interests	Interese
Leisure	Timp Liber
Magic	Magie
Photography	Fotografie
Pleasure	Plăcere
Reading	Lectură
Relaxation	Relaxare
Sewing	Cusut
Skill	Îndemânare

Activities and Leisure
Activităţi şi Timp Liber

Art	Artă
Baseball	Baseball
Basketball	Baschet
Boxing	Box
Camping	Camping
Diving	Scufundări
Fishing	Pescuit
Gardening	Grădinărit
Golf	Golf
Hiking	Drumeţii
Painting	Pictura
Racing	Curse
Relaxing	Relaxant
Shopping	Cumpărături
Soccer	Fotbal
Surfing	Surfing
Swimming	Înot
Tennis	Tenis
Travel	Călătorie
Volleyball	Volei

Adjectives #1
Adjective #1

Absolute	Absolut
Ambitious	Ambiţios
Aromatic	Aromat
Artistic	Artistic
Attractive	Atractiv
Beautiful	Frumos
Dark	Întuneric
Exotic	Exotic
Generous	Generos
Happy	Fericit
Heavy	Greu
Helpful	Util
Honest	Sincer
Identical	Identic
Important	Important
Modern	Modern
Serious	Serios
Slow	Încet
Thin	Subţire
Valuable	Valoros

Adjectives #2
Adjective #2

Authentic	Autentic
Creative	Creativ
Descriptive	Descriptiv
Dry	Uscat
Elegant	Elegant
Famous	Celebru
Gifted	Talentat
Healthy	Sănătos
Hot	Fierbinte
Hungry	Foame
Interesting	Interesant
Natural	Firesc
New	Nou
Productive	Productiv
Proud	Mândru
Responsible	Responsabil
Salty	Sărat
Sleepy	Somnoros
Strong	Puternic
Wild	Sălbatic

Adventure
Aventuri

Activity	Activitate
Beauty	Frumuseţe
Bravery	Curaj
Challenges	Provocări
Chance	Şansă
Dangerous	Periculos
Destination	Destinaţie
Difficulty	Dificultate
Enthusiasm	Entuziasm
Excursion	Excursie
Friends	Prieteni
Itinerary	Itinerar
Joy	Bucurie
Nature	Natură
Navigation	Navigare
New	Nou
Opportunity	Oportunitate
Preparation	Pregătirea
Safety	Siguranţă
Unusual	Neobişnuit

Airplanes
Avioane

Adventure	Aventură
Air	Aer
Altitude	Altitudine
Atmosphere	Atmosferă
Balloon	Balon
Construction	Construcţie
Crew	Echipaj
Descent	Coborâre
Design	Model
Engine	Motor
Fuel	Combustibil
Height	Înălţime
History	Istorie
Hydrogen	Hidrogen
Landing	Aterizare
Passenger	Pasager
Pilot	Pilot
Propellers	Elice
Sky	Cer
Turbulence	Turbulenţă

Antarctica
Antarctica

Bay	Golf
Birds	Păsări
Clouds	Nori
Conservation	Conservare
Continent	Continent
Cove	Cove
Environment	Mediu
Expedition	Expediție
Geography	Geografie
Glaciers	Ghețari
Ice	Gheață
Islands	Insule
Migration	Migrație
Peninsula	Peninsulă
Researcher	Cercetător
Rocky	Stâncos
Scientific	Științific
Temperature	Temperatura
Topography	Topografie
Water	Apă

Art
Arta

Ceramic	Ceramică
Complex	Complex
Composition	Compoziție
Create	Crea
Expression	Expresie
Honest	Sincer
Inspired	Inspirat
Mood	Dispozitie
Original	Original
Personal	Personal
Poetry	Poezie
Portray	Portret
Sculpture	Sculptură
Simple	Simplu
Subject	Subiect
Surrealism	Suprarealism
Symbol	Simbol
Visual	Vizual

Art Supplies
Materiale de Artă

Acrylic	Acrilic
Brushes	Perii
Camera	Aparat Foto
Chair	Scaun
Charcoal	Cărbune
Clay	Lut
Colors	Culori
Creativity	Creativitate
Easel	Șevalet
Eraser	Radieră
Glue	Lipici
Ideas	Idei
Ink	Cerneală
Oil	Ulei
Paints	Vopsele
Paper	Hârtie
Pencils	Creioane
Table	Tabel
Water	Apă
Watercolors	Acuarele

Astronomy
Astronomie

Asteroid	Asteroid
Astronaut	Astronaut
Astronomer	Astronom
Constellation	Constelație
Cosmos	Cosmos
Earth	Pământ
Eclipse	Eclipsă
Equinox	Echinocțiu
Galaxy	Galaxie
Meteor	Meteor
Moon	Luna
Nebula	Nebuloasă
Observatory	Observator
Planet	Planetă
Radiation	Radiație
Rocket	Rachetă
Satellite	Satelit
Sky	Cer
Supernova	Supernovă
Zodiac	Zodiac

Ballet
Balet

Applause	Aplauze
Artistic	Artistic
Audience	Public
Ballerina	Balerină
Choreography	Coregrafie
Composer	Compozitor
Dancers	Dansatori
Expressive	Expresiv
Gesture	Gest
Graceful	Grațios
Intensity	Intensitate
Lessons	Lecții
Muscles	Mușchi
Music	Muzică
Orchestra	Orchestră
Practice	Practică
Rhythm	Ritm
Skill	Îndemânare
Style	Stil
Technique	Tehnică

Barbecues
Grătare

Chicken	Pui
Children	Copii
Dinner	Cina
Family	Familie
Food	Alimente
Forks	Furci
Friends	Prieteni
Fruit	Fruct
Games	Jocuri
Grill	Grătar
Hot	Fierbinte
Hunger	Foame
Knives	Cuțite
Music	Muzică
Salads	Salate
Salt	Sare
Sauce	Sos
Summer	Vară
Tomatoes	Rosii
Vegetables	Legume

Bathroom
Baie

Bath	Baie
Bubbles	Bule
Faucet	Robinet
Lotion	Loțiune
Mirror	Oglindă
Perfume	Parfum
Rug	Covor
Scissors	Foarfece
Shampoo	Șampon
Shower	Duș
Sink	Chiuvetă
Soap	Săpun
Sponge	Burete
Steam	Abur
Toilet	Toaletă
Towel	Prosop
Water	Apă

Bees
Albinele

Beneficial	Benefic
Diversity	Diversitate
Ecosystem	Ecosistem
Flowers	Flori
Food	Alimente
Fruit	Fruct
Garden	Grădină
Habitat	Habitat
Hive	Stup
Honey	Miere
Insect	Insectă
Plants	Plante
Pollen	Polen
Pollinator	Polenizator
Queen	Regină
Smoke	Fum
Sun	Soare
Swarm	Roi
Wax	Ceară
Wings	Aripi

Birds
Păsări

Canary	Canar
Chicken	Pui
Crow	Cioară
Cuckoo	Cuc
Duck	Rață
Eagle	Vultur
Egg	Ou
Flamingo	Flamingo
Goose	Gâscă
Gull	Pescăruș
Heron	Stârc
Ostrich	Struț
Parrot	Papagal
Peacock	Păun
Pelican	Pelican
Penguin	Pinguin
Sparrow	Vrabie
Stork	Barză
Swan	Lebădă
Toucan	Toucan

Birthday
Ziua de Nastere

Born	Născut
Cake	Tort
Calendar	Calendar
Candles	Lumânări
Cards	Carduri
Celebration	Celebrare
Day	Zi
Friends	Prieteni
Fun	Distracție
Gift	Cadou
Happy	Fericit
Invitations	Invitații
Joyful	Vesel
Memories	Amintiri
Song	Cântec
Special	Special
Time	Timp
Wisdom	Înțelepciune
Year	An
Young	Tineri

Boats
Barci

Anchor	Ancoră
Buoy	Geamandură
Canoe	Canoe
Crew	Echipaj
Dock	Dock
Engine	Motor
Ferry	Bac
Kayak	Caiac
Lake	Lac
Mast	Catarg
Nautical	Nautic
Ocean	Ocean
Raft	Plută
River	Râu
Rope	Frânghie
Sailor	Marinar
Sea	Mare
Tide	Maree
Waves	Valuri
Yacht	Iaht

Books
Cărți

Adventure	Aventură
Author	Autor
Collection	Colecție
Context	Context
Duality	Dualitate
Epic	Epic
Historical	Istoric
Humorous	Plin de Umor
Inventive	Inventiv
Literary	Literar
Narrator	Narator
Novel	Roman
Page	Pagină
Poem	Poem
Poetry	Poezie
Reader	Cititor
Relevant	Relevant
Story	Poveste
Tragic	Tragic
Written	Scris

Buildings
Constructii

Apartment	Apartament
Barn	Hambar
Cabin	Cabină
Castle	Castel
Cinema	Cinema
Embassy	Ambasadă
Factory	Fabrică
Hospital	Spital
Hostel	Pensiune
Hotel	Hotel
Laboratory	Laborator
Museum	Muzeu
Observatory	Observator
School	Şcoală
Stadium	Stadion
Supermarket	Supermarket
Tent	Cort
Theater	Teatru
Tower	Turn
University	Universitate

Camping
Camping

Adventure	Aventură
Animals	Animale
Cabin	Cabină
Canoe	Canoe
Compass	Busolă
Fire	Foc
Forest	Pădure
Fun	Distracţie
Hammock	Hamac
Hat	Pălărie
Hunting	Vânătoare
Insect	Insectă
Lake	Lac
Map	Hartă
Moon	Luna
Mountain	Munte
Nature	Natură
Rope	Frânghie
Tent	Cort
Trees	Copaci

Castles
Castele

Armor	Armură
Catapult	Catapulta
Crown	Coroană
Dragon	Balaur
Dungeon	Temniţă
Dynasty	Dinastie
Empire	Imperiu
Feudal	Feudal
Horse	Cal
Kingdom	Regat
Knight	Cavaler
Noble	Nobil
Palace	Palat
Prince	Prinţ
Princess	Prinţesă
Shield	Scut
Sword	Sabie
Tower	Turn
Unicorn	Unicorn
Wall	Perete

Cats
Pisicile

Affectionate	Afectuos
Claw	Gheară
Crazy	Nebun
Curious	Curios
Fast	Rapid
Funny	Amuzant
Fur	Blană
Hunter	Vânător
Independent	Independent
Little	Mic
Mouse	Şoarece
Paw	Laba
Personality	Personalitate
Playful	Jucăuş
Shy	Timid
Sleep	Somn
Tail	Coadă
Wild	Sălbatic
Yarn	Fire

Chess
Şah

Black	Negru
Challenges	Provocări
Champion	Campion
Clever	Inteligent
Contest	Concurs
Diagonal	Diagonală
Game	Joc
King	Rege
Opponent	Adversar
Passive	Pasiv
Player	Jucător
Points	Puncte
Queen	Regină
Rules	Reguli
Sacrifice	Sacrificiu
Strategy	Strategie
Time	Timp
Tournament	Turneu
White	Alb

Chocolate
Ciocolată

Antioxidant	Antioxidant
Bitter	Amar
Cacao	Cacao
Calories	Calorii
Candy	Bomboane
Caramel	Caramel
Coconut	Nucă de Cocos
Craving	Pofta
Delicious	Delicios
Exotic	Exotic
Favorite	Favorit
Flavor	Aromă
Ingredient	Ingredient
Peanuts	Arahide
Quality	Calitate
Recipe	Reţetă
Sugar	Zahăr
Sweet	Dulce
Taste	Gust

Circus
Circ

Acrobat	Acrobat
Animals	Animale
Balloons	Baloane
Candy	Bomboane
Clown	Clovn
Costume	Costum
Elephant	Elefant
Entertain	Distra
Juggler	Jongler
Lion	Leu
Magic	Magie
Magician	Magician
Monkey	Maimuță
Music	Muzică
Parade	Paradă
Spectacular	Spectaculos
Spectator	Spectator
Tent	Cort
Tiger	Tigru
Trick	Truc

Climbing
Alpinism

Altitude	Altitudine
Atmosphere	Atmosferă
Boots	Cizme
Cave	Peşteră
Challenges	Provocări
Curiosity	Curiozitate
Expert	Expert
Gloves	Mănuşi
Guides	Ghiduri
Helmet	Cască
Hiking	Drumeţii
Map	Hartă
Narrow	Îngust
Physical	Fizic
Stability	Stabilitate
Strength	Tărie
Terrain	Teren
Training	Formare

Clothes
Haine

Apron	Şorţ
Belt	Curea
Blouse	Bluză
Bracelet	Brăţară
Coat	Haina
Dress	Rochie
Fashion	Modă
Gloves	Mănuşi
Hat	Pălărie
Jacket	Sacou
Jeans	Blugi
Jewelry	Bijuterii
Pajamas	Pijama
Pants	Pantaloni
Sandals	Sandale
Scarf	Eşarfă
Shirt	Cămaşă
Shoe	Pantof
Skirt	Fusta
Sweater	Pulover

Colors
Culori

Azure	Azur
Beige	Bej
Black	Negru
Blue	Albastru
Brown	Maro
Crimson	Crimson
Cyan	Cyan
Fuchsia	Fucsie
Green	Verde
Grey	Gri
Indigo	Indigo
Magenta	Magenta
Orange	Portocaliu
Pink	Roz
Purple	Violet
Red	Roşu
Sepia	Sepia
White	Alb
Yellow	Galben

Comedy
Comedie

Actor	Actor
Actress	Actriţă
Applause	Aplauze
Audience	Public
Clever	Inteligent
Clowns	Clovni
Expressive	Expresiv
Fun	Distracţie
Funny	Amuzant
Genre	Gen
Humor	Umor
Improvisation	Improvizaţie
Jokes	Glume
Laughter	Râs
Parody	Parodie
Television	Televiziune
Theater	Teatru

Conservation
Conservare

Changes	Modificări
Climate	Climat
Cycle	Ciclu
Ecosystem	Ecosistem
Education	Educaţie
Environmental	Mediu
Green	Verde
Habitat	Habitat
Health	Sănătate
Natural	Firesc
Organic	Organic
Pesticide	Pesticid
Pollution	Poluare
Recycle	Reciclare
Reduce	Reduce
Sustainable	Durabilă
Volunteer	Voluntar
Water	Apă

Cooking Tools
Instrumente de Gătit

Blender	Blender
Colander	Strecurătoare
Cutlery	Tacâmuri
Fork	Furcă
Grater	Răzătoare
Juicer	Storcător
Kettle	Ceainic
Knife	Cuţit
Lid	Capac
Oven	Cuptor
Refrigerator	Frigider
Scissors	Foarfece
Spatula	Spatulă
Spoon	Lingură
Stove	Sobă
Strainer	Filtru
Thermometer	Termometru

Countries #2
Ţările #2

Albania	Albania
Denmark	Danemarca
Ethiopia	Etiopia
Greece	Grecia
Haiti	Haiti
Jamaica	Jamaica
Japan	Japonia
Laos	Laos
Lebanon	Liban
Liberia	Liberia
Mexico	Mexic
Nepal	Nepal
Nigeria	Nigeria
Pakistan	Pakistan
Russia	Rusia
Somalia	Somalia
Sudan	Sudan
Syria	Siria
Uganda	Uganda
Ukraine	Ucraina

Dance
Dance

Academy	Academie
Art	Artă
Body	Corp
Choreography	Coregrafie
Classical	Clasic
Cultural	Cultural
Culture	Cultură
Emotion	Emoţie
Expressive	Expresiv
Grace	Graţie
Joyful	Vesel
Movement	Mişcare
Music	Muzică
Partner	Partener
Posture	Postură
Rehearsal	Repetiţie
Rhythm	Ritm
Traditional	Tradiţional
Visual	Vizual

Days and Months
Zile și Lunile

April	Aprilie
August	August
Calendar	Calendar
February	Februarie
Friday	Vineri
January	Ianuarie
July	Iulie
March	Martie
Monday	Luni
Month	Lună
November	Noiembrie
October	Octombrie
Saturday	Sâmbătă
September	Septembrie
Sunday	Duminică
Thursday	Joi
Tuesday	Marţi
Wednesday	Miercuri
Week	Săptămână
Year	An

Dinosaurs
Dinozaurii

Carnivore	Carnivor
Disappearance	Dispariţie
Earth	Pământ
Enormous	Enorm
Evolution	Evoluţie
Fossils	Fosile
Herbivore	Erbivor
Large	Mare
Mammoth	Mamut
Omnivore	Omnivor
Powerful	Puternic
Prehistoric	Preistoric
Prey	Pradă
Raptor	Raptor
Reptile	Reptilă
Size	Mărimea
Species	Specie
Tail	Coadă
Vicious	Vicios
Wings	Aripi

Driving
Conducere

Accident	Accident
Brakes	Frâne
Car	Maşină
Danger	Pericol
Driver	Şofer
Fuel	Combustibil
Garage	Garaj
Gas	Gaz
License	Licenţă
Map	Hartă
Motor	Motor
Motorcycle	Motocicletă
Pedestrian	Pieton
Police	Poliţie
Road	Drum
Safety	Siguranţă
Speed	Viteză
Traffic	Trafic
Truck	Camion
Tunnel	Tunel

Ecology
Ecologie

Climate	Climat
Communities	Comunități
Diversity	Diversitate
Drought	Secetă
Fauna	Faună
Flora	Floră
Global	Global
Habitat	Habitat
Marine	Marin
Marsh	Mlaştină
Natural	Firesc
Nature	Natură
Plants	Plante
Resources	Resurse
Species	Specie
Survival	Supraviețuire
Sustainable	Durabilă
Variety	Varietate
Vegetation	Vegetație
Volunteers	Voluntari

Emotions
Emoții

Anger	Furie
Bliss	Fericire
Boredom	Plictiseală
Calm	Calm
Content	Conținut
Embarrassed	Jenat
Excited	Excitat
Fear	Frică
Grateful	Recunoscător
Joy	Bucurie
Kindness	Bunătate
Love	Dragoste
Peace	Pace
Relief	Relief
Sadness	Tristețe
Satisfied	Satisfăcut
Surprise	Surpriză
Sympathy	Simpatie
Tenderness	Sensibilitate
Tranquility	Liniște

Exploration
Explorare

Activity	Activitate
Animals	Animale
Courage	Curaj
Cultures	Culturi
Determination	Determinare
Discovery	Descoperire
Distant	Îndepărtat
Excitement	Emoție
Exhaustion	Epuizare
Hazards	Pericole
Language	Limba
New	Nou
Perilous	Periculos
Quest	Quest
Space	Spațiu
Terrain	Teren
Travel	Călătorie
Unknown	Necunoscut
Wild	Sălbatic

Family
Familie

Ancestor	Strămoș
Aunt	Mătușă
Brother	Frate
Child	Copil
Childhood	Copilărie
Children	Copii
Cousin	Văr
Daughter	Fiica
Father	Tată
Grandfather	Bunic
Grandson	Nepot
Husband	Soțul
Maternal	Matern
Mother	Mamă
Nephew	Nepot
Niece	Nepoată
Paternal	Patern
Sister	Sora
Uncle	Unchi
Wife	Soție

Farm #1
Ferma # 1

Agriculture	Agricultură
Bee	Albină
Bison	Bizon
Calf	Vițel
Cat	Pisică
Chicken	Pui
Cow	Vacă
Crow	Cioară
Dog	Câine
Donkey	Măgar
Fence	Gard
Fertilizer	Îngrășământ
Field	Câmp
Goat	Capră
Hay	Fân
Honey	Miere
Horse	Cal
Rice	Orez
Seeds	Semințe
Water	Apă

Farm #2
Ferma # 2

Animals	Animale
Barley	Orz
Barn	Hambar
Corn	Porumb
Duck	Rață
Farmer	Fermier
Food	Alimente
Fruit	Fruct
Irrigation	Irigare
Lamb	Miel
Llama	Lamă
Meadow	Luncă
Milk	Lapte
Orchard	Livadă
Sheep	Oaie
Shepherd	Păstor
Tractor	Tractor
Vegetable	Vegetal
Wheat	Grâu
Windmill	Moară de Vânt

Fishing
Pescuit

Bait	Momeală
Basket	Coş
Beach	Plajă
Boat	Barcă
Cook	Bucătar
Equipment	Echipament
Exaggeration	Exagerare
Fins	Aripioare
Gills	Branhii
Hook	Cârlig
Jaw	Falcă
Lake	Lac
Ocean	Ocean
Patience	Răbdare
River	Râu
Season	Sezon
Water	Apă
Weight	Greutate
Wire	Sârmă

Flowers
Flori

Bouquet	Buchet
Clover	Trifoi
Daffodil	Narcisă
Daisy	Margaretă
Dandelion	Păpădie
Gardenia	Gardenie
Hibiscus	Hibiscus
Jasmine	Iasomie
Lavender	Lavandă
Lilac	Liliac
Lily	Crin
Magnolia	Magnolie
Orchid	Orhidee
Peony	Bujor
Petal	Petală
Plumeria	Plumeria
Poppy	Mac
Rose	Trandafir
Tulip	Lalea

Food #1
Alimente #1

Apricot	Caisă
Barley	Orz
Basil	Busuioc
Carrot	Morcov
Cinnamon	Scorţişoară
Garlic	Usturoi
Juice	Suc
Lemon	Lămâie
Milk	Lapte
Onion	Ceapă
Peanut	Arahidă
Pear	Pară
Salad	Salată
Salt	Sare
Soup	Supă
Spinach	Spanac
Strawberry	Căpşună
Sugar	Zahăr
Tuna	Ton
Turnip	Nap

Food #2
Alimente #2

Apple	Măr
Artichoke	Anghinare
Banana	Banană
Broccoli	Broccoli
Celery	Ţelină
Cheese	Brânză
Cherry	Cireaşă
Chicken	Pui
Chocolate	Ciocolată
Egg	Ou
Eggplant	Vânătă
Fish	Peşte
Grape	Struguri
Ham	Şuncă
Kiwi	Kiwi
Mushroom	Ciupercă
Rice	Orez
Tomato	Roşie
Wheat	Grâu
Yogurt	Iaurt

Fruit
Fructe

Apple	Măr
Apricot	Caisă
Avocado	Avocado
Banana	Banană
Berry	Bacă
Cherry	Cireaşă
Coconut	Nucă de Cocos
Fig	Fig
Grape	Struguri
Guava	Guava
Kiwi	Kiwi
Lemon	Lămâie
Mango	Mango
Melon	Pepene
Nectarine	Nectarină
Papaya	Papaya
Peach	Piersică
Pear	Pară
Pineapple	Ananas
Raspberry	Zmeură

Furniture
Mobilier

Armchair	Fotoliu
Bed	Pat
Bench	Bancă
Bookcase	Bibliotecă
Chair	Scaun
Couch	Canapea
Curtains	Perdele
Cushions	Perne
Desk	Birou
Dresser	Dulap
Futon	Futon
Hammock	Hamac
Lamp	Lampă
Mattress	Saltea
Mirror	Oglindă
Pillow	Pernă
Rug	Covor
Shelves	Rafturi

Garden
Grădină

Bench	Bancă
Bush	Tufiș
Fence	Gard
Flower	Floare
Garage	Garaj
Garden	Grădină
Grass	Iarbă
Hammock	Hamac
Hose	Furtun
Lawn	Gazon
Orchard	Livadă
Pond	Iaz
Porch	Verandă
Rake	Greblă
Shovel	Lopată
Soil	Sol
Terrace	Terasă
Trampoline	Trambulină
Tree	Copac
Weeds	Buruieni

Geography
Geografie

Altitude	Altitudine
Atlas	Atlas
City	Oraș
Continent	Continent
Country	Țară
Hemisphere	Emisferă
Island	Insulă
Latitude	Latitudine
Map	Hartă
Meridian	Meridian
Mountain	Munte
North	Nord
Ocean	Ocean
Region	Regiune
River	Râu
Sea	Mare
South	Sud
Territory	Teritoriu
West	Vest
World	Lume

Geology
Geologie

Acid	Acid
Calcium	Calciu
Cavern	Cavernă
Continent	Continent
Coral	Coral
Crystals	Cristale
Cycles	Cicluri
Earthquake	Cutremur
Erosion	Eroziune
Fossil	Fosil
Geyser	Gheizer
Lava	Lavă
Layer	Strat
Minerals	Minerale
Plateau	Platou
Quartz	Cuarț
Salt	Sare
Stalactite	Stalactit
Stone	Piatră
Volcano	Vulcan

Hair Types
Tipuri de Par

Bald	Chel
Black	Negru
Blond	Blond
Braided	Împletit
Braids	Împletituri
Brown	Maro
Colored	Colorate
Curls	Bucle
Curly	Cret
Dry	Uscat
Gray	Gri
Healthy	Sănătos
Long	Lung
Shiny	Lucios
Short	Scurt
Soft	Moale
Thick	Gros
Thin	Subțire
Wavy	Ondulat
White	Alb

Herbalism
Plante Medicinale

Aromatic	Aromat
Basil	Busuioc
Beneficial	Benefic
Culinary	Culinar
Fennel	Fenicul
Flavor	Aromă
Flower	Floare
Garden	Grădină
Garlic	Usturoi
Green	Verde
Ingredient	Ingredient
Lavender	Lavandă
Marjoram	Maghiran
Mint	Mentă
Oregano	Oregano
Parsley	Pătrunjel
Plant	Plantă
Rosemary	Rozmarin
Saffron	Șofran
Tarragon	Tarhon

Hiking
Drumeții

Animals	Animale
Boots	Cizme
Camping	Camping
Cliff	Stâncă
Climate	Climat
Guides	Ghiduri
Hazards	Pericole
Heavy	Greu
Map	Hartă
Mountain	Munte
Nature	Natură
Orientation	Orientare
Parks	Parcuri
Preparation	Pregătirea
Stones	Pietre
Summit	Summit
Sun	Soare
Tired	Obosit
Water	Apă
Wild	Sălbatic

House
Casa

Attic	Mansardă
Broom	Mătură
Curtains	Perdele
Door	Ușă
Fence	Gard
Fireplace	Vatră
Floor	Podea
Furniture	Mobilier
Garage	Garaj
Garden	Grădină
Keys	Chei
Kitchen	Bucătărie
Lamp	Lampă
Library	Bibliotecă
Mirror	Oglindă
Roof	Acoperiș
Room	Cameră
Shower	Duș
Wall	Perete
Window	Fereastră

Human Body
Corpul Uman

Ankle	Gleznă
Blood	Sânge
Bones	Oase
Brain	Creier
Chin	Bărbie
Ear	Ureche
Elbow	Cot
Face	Față
Finger	Deget
Hand	Mână
Head	Cap
Heart	Inimă
Jaw	Falcă
Knee	Genunchi
Leg	Picior
Mouth	Gură
Neck	Gât
Nose	Nas
Shoulder	Umăr
Skin	Piele

Insects
Insectele

Ant	Furnică
Aphid	Afidă
Bee	Albină
Beetle	Gândac
Butterfly	Fluture
Cicada	Greier
Dragonfly	Libelulă
Flea	Purici
Grasshopper	Lăcustă
Ladybug	Gărgăriță
Larva	Larvă
Locust	Salcâm
Mantis	Mantis
Mosquito	Țânțar
Moth	Molie
Termite	Termită
Wasp	Viespe
Worm	Vierme

Kindness
Bunătate

Affectionate	Afectuos
Attentive	Atent
Compassionate	Compasiune
Friendly	Prietenos
Generous	Generos
Gentle	Blând
Genuine	Autentic
Happy	Fericit
Helpful	Util
Honest	Sincer
Hospitable	Ospitalier
Loving	Iubitor
Patient	Pacient
Receptive	Receptiv
Reliable	De Încredere
Respectful	Respectuos
Tolerant	Tolerant
Understanding	Înțelegere

Kitchen
Bucătărie

Apron	Șorț
Bowl	Castron
Chopsticks	Bețișoare
Cups	Cupe
Food	Alimente
Forks	Furci
Freezer	Congelator
Grill	Grătar
Jar	Borcan
Jug	Ulcior
Kettle	Ceainic
Knives	Cuțite
Ladle	Polonic
Napkin	Șervețel
Oven	Cuptor
Recipe	Rețetă
Refrigerator	Frigider
Spices	Condimente
Sponge	Burete
Spoons	Linguri

Landscapes
Peisaje

Beach	Plajă
Cave	Peșteră
Desert	Deșert
Geyser	Gheizer
Glacier	Ghețar
Hill	Deal
Iceberg	Aisberg
Island	Insulă
Lake	Lac
Mountain	Munte
Oasis	Oază
Ocean	Ocean
Peninsula	Peninsulă
River	Râu
Sea	Mare
Swamp	Mlaștină
Tundra	Tundră
Valley	Vale
Volcano	Vulcan
Waterfall	Cascadă

Literature
Literatură

Analogy	Analogie
Analysis	Analiză
Anecdote	Anecdotă
Author	Autor
Biography	Biografie
Comparison	Comparaţie
Conclusion	Concluzie
Description	Descriere
Dialogue	Dialog
Fiction	Ficţiune
Metaphor	Metaforă
Narrator	Narator
Novel	Roman
Poem	Poem
Poetic	Poetic
Rhyme	Rimă
Rhythm	Ritm
Style	Stil
Theme	Temă
Tragedy	Tragedie

Mammals
Mamiferele

Bear	Urs
Beaver	Castor
Bull	Taur
Cat	Pisică
Coyote	Coiot
Dog	Câine
Dolphin	Delfin
Elephant	Elefant
Fox	Vulpe
Giraffe	Girafă
Gorilla	Gorilă
Horse	Cal
Kangaroo	Cangur
Lion	Leu
Monkey	Maimuţă
Rabbit	Iepure
Sheep	Oaie
Whale	Balenă
Wolf	Lup
Zebra	Zebră

Math
Matematică

Angles	Unghiuri
Arithmetic	Aritmetică
Circumference	Circumferinţă
Decimal	Zecimal
Diameter	Diametru
Equation	Ecuaţie
Exponent	Exponent
Fraction	Fracţiune
Geometry	Geometrie
Numbers	Numere
Parallel	Paralel
Parallelogram	Paralelogram
Perimeter	Perimetru
Polygon	Poligon
Radius	Rază
Rectangle	Dreptunghi
Square	Pătrat
Symmetry	Simetrie
Triangle	Triunghi
Volume	Volum

Measurements
Măsurătorile

Byte	Byte
Centimeter	Centimetru
Decimal	Zecimal
Degree	Grad
Depth	Adâncime
Gram	Gram
Height	Înălţime
Inch	Inch
Kilogram	Kilogram
Kilometer	Kilometru
Length	Lungime
Liter	Litru
Mass	Masă
Meter	Metru
Minute	Minut
Ounce	Uncie
Ton	Tonă
Volume	Volum
Weight	Greutate
Width	Lăţime

Meditation
Meditaţie

Acceptance	Acceptare
Attention	Atenţie
Awake	Treaz
Breathing	Respiraţie
Calm	Calm
Clarity	Claritate
Compassion	Compasiune
Emotions	Emoţii
Gratitude	Recunoştinţă
Habits	Obiceiuri
Kindness	Bunătate
Mental	Mental
Mind	Minte
Movement	Mişcare
Music	Muzică
Nature	Natură
Peace	Pace
Perspective	Perspectivă
Silence	Tăcere
Thoughts	Gânduri

Musical Instruments
Instrumente Muzicale

Banjo	Banjo
Bassoon	Fagot
Cello	Violoncel
Clarinet	Clarinet
Drum	Tobă
Drumsticks	Copane
Flute	Flaut
Gong	Gong
Guitar	Chitară
Harp	Harpă
Mandolin	Mandolină
Marimba	Marimba
Oboe	Oboi
Percussion	Percuţie
Piano	Pian
Saxophone	Saxofon
Tambourine	Tamburină
Trombone	Trombon
Trumpet	Trompetă
Violin	Vioară

Mythology
Mitologie

Archetype	Arhetip
Behavior	Comportament
Beliefs	Credințe
Creation	Creare
Creature	Făptură
Culture	Cultură
Deities	Zeități
Disaster	Dezastru
Heaven	Cer
Hero	Erou
Immortality	Nemurire
Jealousy	Gelozie
Labyrinth	Labirint
Legend	Legendă
Lightning	Fulger
Monster	Monstru
Mortal	Muritor
Revenge	Răzbunare
Thunder	Tunet
Warrior	Războinic

Nature
Natura

Animals	Animale
Arctic	Arctic
Beauty	Frumusețe
Bees	Albine
Cliffs	Stânci
Clouds	Nori
Desert	Deșert
Dynamic	Dinamic
Erosion	Eroziune
Fog	Ceață
Foliage	Frunze
Forest	Pădure
Glacier	Ghețar
Peaceful	Pașnică
River	Râu
Sanctuary	Sanctuar
Serene	Senin
Tropical	Tropical
Vital	Vital
Wild	Sălbatic

Numbers
Numerele

Decimal	Zecimal
Eight	Opt
Eighteen	Optsprezece
Fifteen	Cincisprezece
Five	Cinci
Four	Patru
Fourteen	Paisprezece
Nine	Nouă
Nineteen	Nouăsprezece
One	Unu
Seven	Șapte
Seventeen	Șaptesprezece
Six	Șase
Sixteen	Șaisprezece
Ten	Zece
Thirteen	Treisprezece
Three	Trei
Twelve	Doisprezece
Twenty	Douăzeci
Two	Doi

Nutrition
Alimentație

Appetite	Apetit
Balanced	Echilibrat
Bitter	Amar
Calories	Calorii
Carbohydrates	Glucide
Diet	Dietă
Digestion	Digestie
Edible	Comestibil
Fermentation	Fermentație
Flavor	Aromă
Habits	Obiceiuri
Health	Sănătate
Healthy	Sănătos
Nutrient	Nutrient
Proteins	Proteine
Quality	Calitate
Sauce	Sos
Toxin	Toxină
Vitamin	Vitamină
Weight	Greutate

Ocean
Ocean

Algae	Alge
Boat	Barcă
Coral	Coral
Crab	Crab
Dolphin	Delfin
Eel	Anghilă
Fish	Pește
Jellyfish	Meduze
Octopus	Caracatiță
Oyster	Stridie
Reef	Recif
Salt	Sare
Shark	Rechin
Shrimp	Crevetă
Sponge	Burete
Storm	Furtună
Tides	Maree
Tuna	Ton
Waves	Valuri
Whale	Balenă

Pets
Animale de Companie

Cat	Pisică
Claws	Gheare
Collar	Guler
Cow	Vacă
Dog	Câine
Fish	Pește
Food	Alimente
Goat	Capră
Hamster	Hamster
Kitten	Pisoi
Leash	Lesă
Lizard	Șopârlă
Mouse	Șoarece
Parrot	Papagal
Paws	Labe
Puppy	Cățeluș
Rabbit	Iepure
Tail	Coadă
Veterinarian	Veterinar
Water	Apă

Pirates
Piratii

Adventure	Aventură
Anchor	Ancoră
Bad	Rău
Beach	Plajă
Captain	Căpitan
Cave	Peșteră
Coins	Monede
Compass	Busolă
Crew	Echipaj
Danger	Pericol
Flag	Drapel
Gold	Aur
Island	Insulă
Legend	Legendă
Map	Hartă
Parrot	Papagal
Rum	Rom
Scar	Cicatrice
Sword	Sabie
Treasure	Comoară

Plants
Plante

Bamboo	Bambus
Bean	Fasole
Berry	Bacă
Botany	Botanică
Bush	Tufiș
Cactus	Cactus
Fertilizer	Îngrăşământ
Flora	Floră
Flower	Floare
Foliage	Frunze
Forest	Pădure
Garden	Grădină
Grass	Iarbă
Ivy	Iederă
Moss	Mușchi
Petal	Petală
Root	Rădăcină
Stem	Tulpină
Tree	Copac
Vegetation	Vegetație

Professions #1
Profesiile #1

Ambassador	Ambasador
Astronomer	Astronom
Attorney	Avocat
Banker	Bancher
Cartographer	Cartograf
Coach	Antrenor
Dancer	Dansator
Doctor	Doctor
Editor	Editor
Firefighter	Pompier
Geologist	Geolog
Hunter	Vânător
Jeweler	Bijutier
Musician	Muzician
Pianist	Pianist
Plumber	Instalator
Psychologist	Psiholog
Sailor	Marinar
Tailor	Croitor
Veterinarian	Veterinar

Professions #2
Profesiile #2

Astronaut	Astronaut
Biologist	Biolog
Dentist	Dentist
Detective	Detectiv
Engineer	Inginer
Farmer	Fermier
Gardener	Grădinar
Illustrator	Ilustrator
Inventor	Inventator
Journalist	Jurnalist
Librarian	Bibliotecar
Linguist	Lingvist
Painter	Pictor
Philosopher	Filozof
Photographer	Fotograf
Physician	Medic
Pilot	Pilot
Surgeon	Chirurg
Teacher	Profesor
Zoologist	Zoolog

Rainforest
Pădurea Tropicală

Amphibians	Amfibieni
Birds	Păsări
Botanical	Botanic
Climate	Climat
Clouds	Nori
Community	Comunitate
Diversity	Diversitate
Indigenous	Indigene
Insects	Insecte
Jungle	Junglă
Mammals	Mamifere
Moss	Mușchi
Nature	Natură
Preservation	Conservare
Refuge	Refugiu
Respect	Respect
Restoration	Restaurare
Species	Specie
Survival	Supraviețuire
Valuable	Valoros

Restaurant #1
Restaurantul #1

Allergy	Alergie
Bowl	Castron
Bread	Pâine
Cashier	Casier
Chicken	Pui
Coffee	Cafea
Dessert	Desert
Food	Alimente
Ingredients	Ingrediente
Kitchen	Bucătărie
Knife	Cuțit
Meat	Carne
Menu	Meniu
Napkin	Șervețel
Plate	Farfurie
Reservation	Rezervare
Sauce	Sos
Spicy	Picant
Waitress	Chelneriță

Restaurant #2
Restaurantul #2

Appetizer	Aperitiv
Beverage	Băutură
Cake	Tort
Chair	Scaun
Delicious	Delicios
Dinner	Cina
Eggs	Ouă
Fish	Peşte
Fork	Furcă
Fruit	Fruct
Ice	Gheaţă
Lunch	Prânz
Salad	Salată
Salt	Sare
Soup	Supă
Spices	Condimente
Spoon	Lingură
Vegetables	Legume
Waiter	Chelner
Water	Apă

School #1
Şcoală #1

Alphabet	Alfabet
Answers	Răspunsuri
Books	Cărţi
Chair	Scaun
Classroom	Clasă
Desk	Birou
Exams	Examene
Folders	Dosare
Friends	Prieteni
Fun	Distracţie
Library	Bibliotecă
Lunch	Prânz
Markers	Markeri
Math	Matematică
Numbers	Numere
Paper	Hârtie
Pencil	Creion
Pens	Stilouri
Quiz	Test
Teacher	Profesor

School #2
Şcoală #2

Academic	Academic
Activities	Activităţi
Backpack	Rucsac
Books	Cărţi
Bus	Autobuz
Calendar	Calendar
Computer	Calculator
Dictionary	Dicţionar
Education	Educaţie
Eraser	Radieră
Grammar	Gramatică
Library	Bibliotecă
Literature	Literatură
Paper	Hârtie
Pencil	Creion
Science	Ştiinţă
Scissors	Foarfece
Supplies	Provizii
Teacher	Profesor
Weekends	Weekend-Uri

Science
Ştiinţă

Atom	Atom
Chemical	Chimic
Climate	Climat
Data	Date
Evolution	Evoluţie
Experiment	Experiment
Fact	Fapt
Fossil	Fosil
Gravity	Gravitaţie
Hypothesis	Ipoteză
Laboratory	Laborator
Method	Metodă
Minerals	Minerale
Molecules	Molecule
Nature	Natură
Organism	Organism
Particles	Particule
Physics	Fizică
Plants	Plante
Scientist	Om de Ştiinţă

Science Fiction
Operă Ştiinţifico-Fantas

Atomic	Atomic
Books	Cărţi
Cinema	Cinema
Clones	Clone
Dystopia	Distopie
Explosion	Explozie
Extreme	Extrem
Fantastic	Fantastic
Fire	Foc
Futuristic	Futurist
Galaxy	Galaxie
Illusion	Iluzie
Imaginary	Imaginar
Mysterious	Misterios
Oracle	Oracol
Planet	Planetă
Robots	Roboţi
Technology	Tehnologie
Utopia	Utopie
World	Lume

Scientific Disciplines
Disciplinele Ştiinţifice

Anatomy	Anatomie
Archaeology	Arheologie
Astronomy	Astronomie
Biochemistry	Biochimie
Biology	Biologie
Botany	Botanică
Chemistry	Chimie
Ecology	Ecologie
Geology	Geologie
Immunology	Imunologie
Kinesiology	Kinetoterapie
Linguistics	Lingvistică
Mechanics	Mecanica
Mineralogy	Mineralogie
Neurology	Neurologie
Physiology	Fiziologie
Psychology	Psihologie
Sociology	Sociologie
Thermodynamics	Termodinamică
Zoology	Zoologie

Shapes
Forme

Arc	Arc
Circle	Cerc
Cone	Con
Corner	Colţ
Cube	Cub
Curve	Curbă
Cylinder	Cilindru
Edges	Margini
Ellipse	Elipsă
Hyperbola	Hiperbolă
Line	Linia
Oval	Oval
Polygon	Poligon
Prism	Prismă
Pyramid	Piramidă
Rectangle	Dreptunghi
Side	Parte
Sphere	Sferă
Square	Pătrat
Triangle	Triunghi

Spices
Condimente

Anise	Anason
Bitter	Amar
Cardamom	Cardamom
Cinnamon	Scorţişoară
Coriander	Coriandru
Cumin	Chimion
Curry	Curry
Fennel	Fenicul
Fenugreek	Schinduf
Flavor	Aromă
Garlic	Usturoi
Ginger	Ghimbir
Licorice	Lemn Dulce
Nutmeg	Nucşoară
Onion	Ceapă
Paprika	Paprika
Saffron	Şofran
Salt	Sare
Sweet	Dulce
Vanilla	Vanilie

Summer
Vara

Beach	Plajă
Books	Cărţi
Camping	Camping
Diving	Scufundări
Family	Familie
Food	Alimente
Friends	Prieteni
Games	Jocuri
Garden	Grădină
Home	Acasă
Joy	Bucurie
Leisure	Timp Liber
Memories	Amintiri
Music	Muzică
Relaxation	Relaxare
Sandals	Sandale
Sea	Mare
Stars	Stele
Travel	Călătorie
Vacation	Vacanţă

Surfing
Navigare

Athlete	Atlet
Beach	Plajă
Beginner	Începător
Champion	Campion
Crowds	Mulţimi
Extreme	Extrem
Foam	Spumă
Fun	Distracţie
Ocean	Ocean
Paddle	Paletă
Popular	Popular
Reef	Recif
Speed	Viteză
Spray	Spray
Stomach	Stomac
Strength	Tărie
Style	Stil
Wave	Val
Weather	Vreme

Technology
Tehnologie

Blog	Blog
Browser	Browser
Bytes	Bytes
Camera	Aparat Foto
Computer	Calculator
Cursor	Cursor
Data	Date
Digital	Digital
File	Fişier
Font	Font
Internet	Internet
Message	Mesaj
Research	Cercetare
Screen	Ecran
Security	Securitate
Software	Software
Statistics	Statistici
Virtual	Virtual
Virus	Virus

Time
Timp

Annual	Anual
Before	Înainte
Calendar	Calendar
Century	Secol
Clock	Ceas
Day	Zi
Decade	Deceniu
Early	Devreme
Future	Viitor
Hour	Oră
Minute	Minut
Month	Lună
Morning	Dimineaţă
Night	Noapte
Noon	Amiază
Now	Acum
Soon	Curând
Today	Azi
Week	Săptămână
Year	An

To Fill
Pentru a Umple

Bag	Sac
Barrel	Butoi
Basin	Bazin
Basket	Coș
Bottle	Sticlă
Box	Cutie
Bucket	Găleată
Crate	Ladă
Drawer	Sertar
Envelope	Plic
Folder	Dosar
Jar	Borcan
Packet	Pachet
Pocket	Buzunar
Suitcase	Valiză
Tray	Tavă
Tub	Cadă
Tube	Tub
Vase	Vază

Town
Oraș

Airport	Aeroport
Bakery	Brutărie
Bank	Bancă
Bookstore	Librărie
Cafe	Cafenea
Cinema	Cinema
Clinic	Clinica
Florist	Florar
Gallery	Galerie
Hotel	Hotel
Library	Bibliotecă
Market	Piață
Museum	Muzeu
Pharmacy	Farmacie
School	Școală
Stadium	Stadion
Store	Magazin
Supermarket	Supermarket
Theater	Teatru
University	Universitate

Toys
Jucării

Airplane	Avion
Ball	Minge
Bicycle	Bicicletă
Boat	Barcă
Books	Cărți
Car	Mașină
Chess	Șah
Clay	Lut
Crafts	Meșteșuguri
Crayons	Creioane
Doll	Păpușă
Drums	Tobe
Favorite	Favorit
Games	Jocuri
Imagination	Imaginație
Kite	Zmeu
Puzzle	Puzzle
Robot	Robot
Train	Tren
Truck	Camion

Vacation #2
Vacanță #2

Airport	Aeroport
Beach	Plajă
Camping	Camping
Destination	Destinație
Foreigner	Străin
Holiday	Vacanță
Hotel	Hotel
Island	Insulă
Journey	Călătorie
Leisure	Timp Liber
Map	Hartă
Passport	Pașaport
Reservations	Rezervări
Restaurant	Restaurant
Sea	Mare
Taxi	Taxi
Tent	Cort
Train	Tren
Transportation	Transport
Visa	Viză

Vegetables
Legume

Artichoke	Anghinare
Broccoli	Broccoli
Carrot	Morcov
Cauliflower	Conopidă
Celery	Țelină
Cucumber	Castravete
Eggplant	Vânătă
Garlic	Usturoi
Ginger	Ghimbir
Mushroom	Ciupercă
Onion	Ceapă
Parsley	Pătrunjel
Pea	Mazăre
Pumpkin	Dovleac
Radish	Ridiche
Salad	Salată
Shallot	Șalotă
Spinach	Spanac
Tomato	Roșie
Turnip	Nap

Vehicles
Autovehicule

Airplane	Avion
Ambulance	Ambulanță
Bicycle	Bicicletă
Boat	Barcă
Bus	Autobuz
Car	Mașină
Caravan	Caravană
Ferry	Bac
Helicopter	Elicopter
Motor	Motor
Raft	Plută
Rocket	Rachetă
Scooter	Scuter
Shuttle	Navetă
Submarine	Submarin
Subway	Metrou
Taxi	Taxi
Tires	Anvelope
Tractor	Tractor
Truck	Camion

Virtues #1
Virtuțile #1

Artistic	Artistic
Charming	Fermecător
Clean	Curat
Confident	Încrezător
Curious	Curios
Decisive	Decisiv
Efficient	Eficient
Funny	Amuzant
Generous	Generos
Good	Bun
Helpful	Util
Imaginative	Imaginativ
Independent	Independent
Intelligent	Inteligent
Modest	Modest
Passionate	Pasionat
Patient	Pacient
Practical	Practic
Reliable	De Încredere
Wise	Înțelept

Visual Arts
Arte Vizuale

Architecture	Arhitectură
Artist	Artist
Ceramics	Ceramică
Chalk	Cretă
Charcoal	Cărbune
Clay	Argilă
Composition	Compoziție
Creativity	Creativitate
Easel	Șevalet
Film	Film
Masterpiece	Capodoperă
Painting	Pictura
Pen	Pix
Pencil	Creion
Perspective	Perspectivă
Photograph	Fotografie
Portrait	Portret
Sculpture	Sculptură
Varnish	Lac
Wax	Ceară

Water
Apă

Canal	Canal
Damp	Umede
Evaporation	Evaporare
Flood	Inundații
Frost	Înghet
Geyser	Gheizer
Hurricane	Uragan
Ice	Gheață
Irrigation	Irigare
Lake	Lac
Moisture	Umiditate
Monsoon	Muson
Ocean	Ocean
Rain	Ploaie
River	Râu
Shower	Duș
Snow	Zăpadă
Steam	Abur
Stream	Curent
Waves	Valuri

Weather
Vremea

Atmosphere	Atmosferă
Breeze	Briză
Climate	Climat
Cloud	Nor
Drought	Secetă
Dry	Uscat
Fog	Ceață
Hurricane	Uragan
Ice	Gheață
Lightning	Fulger
Monsoon	Muson
Polar	Polar
Rainbow	Curcubeu
Sky	Cer
Storm	Furtună
Temperature	Temperatura
Thunder	Tunet
Tornado	Tornadă
Tropical	Tropicale
Wind	Vânt

Congratulations

You made it!

We hope you enjoyed this book as much as we enjoyed making it. We do our best to make high quality games.
These puzzles are designed in a clever way for you to learn actively while having fun!

Did you love them?

A Simple Request

Our books exist thanks your reviews. Could you help us by leaving one now?

Here is a short link which will take you to your order review page:

BestBooksActivity.com/Review50

MONSTER CHALLENGE!

Challenge #1

Ready for Your Bonus Game? We use them all the time but they are not so easy to find. Here are **Synonyms**!

Note 5 words you discovered in each of the Puzzles noted below (#21, #36, #76) and try to find 2 synonyms for each word.

Note 5 Words from *Puzzle 21*

Words	Synonym 1	Synonym 2

Note 5 Words from *Puzzle 36*

Words	Synonym 1	Synonym 2

Note 5 Words from *Puzzle 76*

Words	Synonym 1	Synonym 2

Challenge #2

Now that you are warmed-up, note 5 words you discovered in each Puzzle noted below (#9, #17, #25) and try to find 2 antonyms for each word. How many lines can you do in 20 minutes?

Note 5 Words from **Puzzle 9**

Words	Antonym 1	Antonym 2

Note 5 Words from **Puzzle 17**

Words	Antonym 1	Antonym 2

Note 5 Words from **Puzzle 25**

Words	Antonym 1	Antonym 2

Challenge #3

Wonderful, this monster challenge is nothing to you!

Ready for the last one? Choose your 10 favorite words discovered in any of the Puzzles and note them below.

1.	6.
2.	7.
3.	8.
4.	9.
5.	10.

Now, using these words and within a maximum of six sentences, your challenge is to compose a text about a person, animal or place that you love!

Tip: You can use the last blank page of this book as a draft!

Your Writing:

Explore a Unique Store
Set Up **FOR YOU!**

MEGA DEALS

BestActivityBooks.com/**TheStore**

Designed for Entertainment!

Light Up Your Brain With Unique **Gift Ideas**.

Access **Surprising** And **Essential Supplies!**

CHECK OUT OUR MONTHLY SELECTION NOW!

- Expertly Crafted Products -

NOTEBOOK:

SEE YOU SOON!

Linguas Classics Team

www.ingramcontent.com/pod-product-compliance
Lightning Source LLC
Chambersburg PA
CBHW082154120626
46553CB00010B/2887